家事労働ハラスメント

――生きづらさの根にあるもの

竹信三恵子
Mieko Takenobu

Eurus
Notus
Boreas

岩波新書
1449

はじめに

「家事」ほど相反する評価につきまとわれ続けてきた労働はない。「家事はお金では測れない神聖なものだ」「家事は肉体労働の汚れ仕事とは異なり、女性向きの軽くてきれいな仕事だ」。こんなふうに、妙に持ち上げる声があるかと思うと、「家事は創造性のいらない単純労働」「家事は産業化が進めば家庭内から消えていく存在」といった評価も聞こえてくる。いったいどちらが本当なの？ と思えてくるほど、その評価は真っ二つだ。

ただ、持ち上げようが、貶めようが、その後に必ずついてくるのは、「だから、家事に対価はいらない」という言葉だ。家事は神聖な労働だから、対価を求めるのはおかしい、家事は創造性が必要ない単純労働だから、対価を払う必要はない……、と。

しかし、人間の一日は、どんな人でも平等に二四時間しかない。そのうちの多くを、対価のない労働に費やせば、その人は生活していけない。だから家事労働は、扱いを間違えれば、これに携わる人を貧困と生きづらさの中へと落とし込みかねない。一方で、家事労働は、幼い子どもを育て上げて社会へ送り出し、弱ったお年寄りを日々支え、働き盛りの人々が英気を養って再び職場へ出かけていくための基礎をつくる重要な仕事でもある。そんな家事の二つの顔を、どう考えたらいいのだろう。

こんな疑問を抱いたのは、母を通じてだった。父は私が三歳のとき病死し、母は姉と兄と私の三人の子どもを育てながら働いた。母は戦前、東京の親戚を頼って上京し、専門学校で薬剤師の資格を取り、敗戦後に自力で東京都内に薬局を開いた。その店に、戦争から帰って製薬会社の社員として働き始めた父がやってきて、結婚した。だから、父が亡くなった後も自分の店があり、どちらかといえば恵まれた部類のシングルマザーだったと思う。

多くのシングルマザーは、夫に死なれると、まず職探しで苦労し、仕事がみつかったとしても、外で働くあいだ、子どもをだれに預かってもらうかで頭を悩まさねばならない。母の場合は、店を開けておけば一応の日銭が入り、客との応対の合間に、子どもの顔を見ることもできた。当時の薬局が、過当競争を防ぐために店と店の間に一定の距離を置く「距離制限」という措置で守られていたことも幸いした。規制緩和が進み、価格競争に身を削る今の薬局では、とてもそんな暮らしはできなかったかもしれない。

しかし、それでも、母は楽には見えなかった。商品の仕入れ、税金の計算、客の対応、業界の会合といった「仕事」と、食事の支度、洗濯、繕いもの、掃除、子どもたちの学校の行事……といったありとあらゆる「家事」の間で、母は疲れていて、睡眠時間も短かった。

私は小学校に入る前後から店に座っていて、客が入ってくると「お母さん、お客さん!」と母に知らせる。母が台所で炒め物などをしているときには、店に出ていく母の代わりに、背の届かないガス台に張りついて、こげないようにかきまぜ、母が台所に戻ってくると、また店番に戻った。

PTAや運動会、地域の行事などのたびに、母は店を閉めて出かける。「おたく、いつ来ても閉まってるね」と客に軽い厭味を言われ、落ち込んでいたこともある。店を閉めれば、その間、収入はない。だから母は、「うちみたいなカゼイサイテーゲンすれすれのところからまで税金をとるんだから」と、愚痴っていた。だから私は、小学生のころから、「課税最低限」という言葉を知っていた。

ただ、その後で母は、こうも言った。「うちが貧乏なのは女がダメだからじゃないの。お父さんがいる家は、お母さんが仕事以外のことを全部引き受けて、お父さんは仕事だけしていればいいから、その分お金が余計に入ってくる。でも、男の人はお金を稼ぐことしかできないから、奥さんが死んだら後妻をもらわないとやっていけない。お母さんは仕事も家事も両方できるから、男よりずっと偉いんだよ」

母は、娘が女性であることに自信を失わないよう気を配ってこう言ったのかもしれない。ただ同時に、その言葉は、女性が夫を失うとお金が入ってきにくくなる可能性が高いということも示していた。女性は、家事を引き受けるべき性とされ、その結果、お金を稼ぐ時間は削られる。だから金銭的には貧しくなるということになるわけだ。

それに、家事はいつも楽しいわけではない。料理や洗濯のひとつひとつは、一見「軽い労働」に見える。しかし、それが束になり、しかも家族の必要に応じて一日中間断なくのしかかってくるとき、それは重労働になる。介護や育児は重要だという人でも、「家事」となると「女性ならだれでもできる仕事」と考えがちだ。でも、介護や育児って、ご飯を炊いたり洗濯したりの家事の連鎖なんだって、わかってます?

しかも、この労働は、どういうわけか対価がつかない。家政婦が雇い主と結婚して妻になったらそれまでの有償労働が無償労働になる、と言った人もいたようだが、「家事」となったとたん、その仕事は、お金を稼げたはずの時間を着実に奪っていくものに転化する。茶碗を洗ったり、繕いものをしたりすることは、適度に、自発的に行うときは、癒しや自己回復の営みになる。だが、その分配が過重になるとき、「家事」は、その担い手を破壊しかねない。そんな家事労働の側面を、私は母の背中から感じていた。

一九七六年、私は新聞社に就職し、五年後に子どもができた。そのとき母は「自分が子育てを引き受けるから、頑張って働き続けなさい」と言った。家事や育児に足をとられ、経済的にも社会的発言力でも劣位に追い込まれていく女性の人生の悪連鎖を、自分の世代で断ち切ろうとしたのかもしれない。ただ私は、母より、夫にその負担を分け持ってもらおうと決意していた。子育てや家事という不払い労働と、お金を稼ぐ労働の両方を、女性だけが担うことの理不尽を、ひとり親だった母を通じて知っていたからだ。夫が料理や子どもとのつきあいが嫌いでないことは、学生時代からのつきあいで確かめておいたつもりだった。

しかし、ことは簡単にはいかなかった。同じ新聞社で働いていた夫は、朝六時にでかけて、深夜二時、三時に戻るような部署に配属され、やがて、海外留学、続いての海外勤務で二年の不在となった。私も、夜一〇時、一一時の帰宅は当たり前の経済部記者になっていた。生まれ育った家は会社からも近く、ここで母と子育てすればなんとかなるだろうと思ったが、子どもの頃の環境は失われ、いつの間にか周囲の道路は渋滞と排気ガスでいっぱいの場所になっていた。そんな中で、幼い息子は小児ぜんそくになり、公害病認定を受けることになった。

新聞社は当時、女性記者は一%にも満たないほど少なく、記者には「家事や子育てを引き受ける妻」がいるのが当然の空気があった。締め切りが過ぎても、打ち合わせなのか親睦なのかわからない同僚同士の「ノミニケーション」が毎日あり、子どもがいるから早く帰りたいと言うと「だから女は」の陰口が降ってきた。酔ってふらつく足で帰宅すると、ぜんそくの発作を起こした息子を抱き、目の下にくまをつくった母がいらいらと待っていた。

見渡すと、マスコミ業界以外の会社でも、家族と夕食を取らない働き方は当たり前になっていた。これでは、子を持つ女性は外で働けない。だから周囲で専業主婦は増え続け、そうした人々の存在証明のように、家庭では、家事や育児に手をかけることがますます求められるようになっていた。家電製品の普及で家事の負担は軽くなったと言われていたのに、子どもに店番を任せてすべてを大雑把に仕切っていた母の時代より、家事は高度な料理やら、子どものための手芸やらで、煩雑さを増していた。保育園の先生に、「お母さんの愛情をこめて縫ってあげてくださいね」とやさしい声で言われ、「ノミニケーション」から帰った深夜、酔っぱらった手で、子どもの袋ものにクマのアップリケを縫いつける変な自分がそこにいた。

一九八〇年代は、似たような女性があちこちに出てきた時代だった。一九八五年の男女雇用機会均等法制定を前に、キャリア採用の正社員として厳しい就職戦線をくぐり抜けた知人の女性は、夫も妻も長時間労働の働き方の中で離婚話が持ち上がり、仕事を選んで離婚した。その彼女が、再婚を機に専業主婦になった。「家事を手抜きしているという気持ちと、仕事も思い切りやっていないという気持ちの間で自分が二つに裂かれるようでつらかった。もうそんな思いはしたくないから」と彼女は言った。

研究者と結婚して、家事と育児を一手に引き受けながら自身も研究者として成功しようと無理を重ね、倒れたという女性の話も聞いた。病床を見舞った友人に、この女性は、「もう、学者にならなくてもいい。学者の妻になれれば」とつぶやいたという。

両立が難しい働き方の中で、仕事を続けるため出産を先延ばしする女性たちは増え、一九八九年、日本は戦後最低の出生率を記録した。「一・五七ショック」だ。だが、子育てを先延ばしにしてなんとか働き続けた女性たちも、次には仕事と老親の介護の間で悩み、仕事をあきらめることになる。こうして、夫の稼ぎに依存せざるを得ない女性はいっこうに減らず、その結果、世帯賃金を稼ぐことを迫られた男性たちは長時間労働を受け入れ、一九八〇年代以降、過労死が相次いだ。人の身体に、家事と休養は不可欠だ。そのための時間を無視した労働時間設計が、いくつもの問題を引き起こし始めていた。

そんな私に、ひとつの出口を与えてくれたのは、一九九五年に北京で開かれた国連の第四回世界女性会議の行動綱領だった。そこには、労働には「有償労働（ペイドワーク）」と「無償労働（アンペイドワーク）」のふたつがあるということ、どちらも重要な対等な労働なのに、女性だけが無償労働を担うことになっている結果、女性は経済力を失い社会的発言力をそがれてしまうこと、その事態を防ぐため、無償労働と女性の貧困の関係を調べる統計の整備の必要があること、が謳われていた。「無償労働」という言葉の登場は、母の、私の、そして周囲の女性たちの見えない労働に、名前を与えてくれた。

「神聖な仕事」と言うにせよ「無意味な仕事」と言うにせよ、家事について声高に論じることができる人々は、私が母にそうさせてきたように、だれかに家事を担わせることで発言の場に出ていく時間を確保できた人々だ。家事を担う当事者たちは、外へ出る時間もなく、その労働に名前をつけることさえ思いつかない。そこにようやく、「無償労働」という呼び名がついたのだった。

だが、家事を正面から見つめ直す動きは、その後も容易に盛り上がらなかった。家事を担っているために短時間のパートでしか働けない女性たちの数は、増え続けた。実際は家事を担っていなくても、「女性は家事を担うはずだから」と、パートしか働き口のない女性も増えていった。安くて簡単に契約を打ち切れるその働き方は、経営者から便利がられ、「契約社員」や「派遣労働」にも形を変えて増え続け、男性や若者にまで広がった。景気がよくなっても増えるのはそんな働き手ばかりで、日本は、賃金が下がり続ける国となった。

家事労働を貶めて、労働時間などの設計から排除し、家事労働に携わる働き手を忌避し、買いたたく。こうした「家事労働ハラスメント（家事労働への嫌がらせ）」ともいえる行為の数々が、多くの女性の貧困と生きづらさを生み、それが、いま女性以外の人々の貧困と生きづらさをも招き寄せる。景気回復の切り札とはやされたアベノミクスは、「女性の活躍が成長を生む」と謳い上げた。だが、ここでも家事をしながら賃金を稼げるような労働時間の規制や、短時間労働でも賃金を買いたたかれない正社員とパートの均等待遇は無視され、むしろ、「活用」の名の下に家事労働と仕事の二重負担は過酷さを増しつつある。

この本では、だれもが必要とする「癒しの営み」のはずの家事が、その不公正な分配によってどのようにして苦しい労働に変わるのか、どのように人々の生きづらさや貧困を招き寄せていくのかをたどっていきたい。見えない働きの公正な分配なしに、私たちは直面する困難から抜け出すことはできないという事実が、そこから浮かんでくるはずだ。

まず、序章では、家事労働を視野に入れない社会の中で、東日本大震災の女性被災者たちが抱えた困難についてたどっていきたい。続いて第1章では、家事労働を担う働き手の排除と低い評価が、日本社会のワーキングプア（働いても経済的自立が難しい働き手たち）をどのようにして作っていったか、第2章では、産業構造が転換する中で専業主婦を扶養しきれない男性労働者が増えているにもかかわらず、家事を一手に引き受けるものとされた女性の経済的自立は阻まれ、これが貧困の温床になっていることについて、第3章では、そのような社会の背景にある家事労働を評価できない政治や法制度について、第4章では、男性もまた、家事労働ハラスメントにさらされて苦しんでいる現状について、第5章は、家事労働の延長とみなされたケア労働の労働条件の劣悪化について、第6章は、産業構造の変化に合わせて家事労働の再分配を政策的に行ってきた海外の取り組みについて、そして、終章では、そんな社会で、私たちはどう動くべきかについて取り上げる。なお、文中のカタカナで表記した名前だけの呼び名は、すべて仮名である。

目 次

各章扉イラスト・いちむらみさこ

序 章　被災地の百物語

原発事故の下で

二〇一一年四月下旬、震災から約一カ月の福島県郡山市内は、埃っぽい風が吹きすさんでいた。その一〇日ほど前、やはり取材のため車で回った三陸沿岸は、どこも、がれきの山だった。それと比べると、ここでは、建物は、あまり壊れておらず、街はしっかりと立っているように見えた。だが、行きかう人々は、みなマスクをかけ、背中を丸めるようにして、暗い顔でうつむきがちに歩いていた。

「マスクした方がいいですよ」。郡山駅まで車で出迎えに来てくれた市議会議員の蛇石郁子さんが言った。市内は、福島原発の爆発の影響で、放射線濃度が、高い地域のひとつとされていた。そんなさなかに東京からやってきたのは、同市の保育所で一年契約を何度も更新して働いてきた非常勤保育士、黒田節子さんの話を聞きたかったからだ。

原発の爆発直後、黒田さんは労働関係のメーリングリストで、震災と原発爆発で逃げている間に年度末の雇用期限が切れ、更新されなかったと書いていた。震災と原発と失業。三重苦の被災者たち、とりわけ、見えてこない女性の被災者はどうなっているのか。現場の土を踏んで、黒田さんの肉声を聞きたかった。

大変な状況にある被災した人たちに「取材したい」などと頼むのは、気が引けた。だがメールでの依頼に、黒田さんはすぐにOKの返事をくれた。他の被災地には支援のボランティアが相次いで入っているのに、放射能への不安から福島は避けて通っていく。ぜひ、福島の、特に女性の声を聞いてほしいというのだ。だが、当日、黒田さんは失業手当の手続きに出向かねばならず、知人の蛇石さんが代わって迎えに来てくれたのだった。

蛇石さんに連れられて向かった市内のハローワークの長い列の中に、黒田さんはいた。震災で勤め先が壊れたり、解雇されたりした男女で、窓口はごったがえし、人波をかきわけないと、前に進めない。「夜の八時まで待っても番が来ないことがある」と言う黒田さんを後に、蛇石さんの車は市内の小さな建物に向かった。その一室に、黒田さんらの呼びかけで一〇人ほどの県内の女性たちが集まってくれていた。

江戸時代、ろうそくの灯の下で一人ひとりが怪談話を披露し、一〇〇話を語り終えると本物の怪《かい》が現れるという「百物語」が流行ったという。原発事故と震災への不安の中で、この百物語のように、女性たちの被災下の物語が次々と語られ始めた。

老親介護に疲れ果て

語り出した佐藤昌子さんはこのとき五六歳。郡山市内にある大手住宅設備メーカーの支社で、正社員の事務職として働いていた。震災前、双葉郡に住んでいた夫の母は重い認知症を発症し、佐藤さんは週末ごとに遠距離介護を続けていた。ようやく地元の介護施設に入ることが決まった矢先、震災と原発爆発が起きた。双葉郡は、私の郡山入りの直前に全域が放射能汚染の警戒区域に指定され、そんな中で、認知症の夫の母とパーキンソン病の高齢のおばの二人が避難してきた。家事とフルタイム労働に奔走していた佐藤さんに、さらに、突然の介護労働が降りかかった。

佐藤さんは、一八年近く、派遣社員として今の勤め先で働いてきたが、二〇〇八年、その社名変更の際に、いきなり派遣契約を解除された。同僚の派遣社員も多数契約を解除された。機構の改変を機に、従来の違法派遣状態を解消するつもりではとの見方が広がった。同年九月に起きたリーマン・ショックの影響で、新しい派遣先はみつからなかった。一八年近く同じ会社で働き続けてきたのに、「派遣会社の社員だからウチとは関係ない」と何の保障もなく契約を打ち切られたことに、佐藤さんは納得できなかった。派遣労働は本来、一時的に必要な労働力を満たすためとして解禁されたものだ。同じ会社で一八年近く働き続けた働き手を、派遣会社の社員でありさえすれば無条件で契約を打ち切ることができるのだとしたら、どの働き手も派遣会社をくぐらせれば自由に放り出すことができるようになってしまうと思った。それ以上に、失業中の夫と子ども二人の家族の暮らしは、佐藤さんの収入で支えられていた。佐藤さんは訴訟を起こし、二〇一〇年、正社員として復職することで和解を勝ち取った。

だが、震災後の突然の介護負担によって、佐藤さんは厳しい三重負担の日々を迎えることになった。朝八時四五分から夕方五時半までの勤めを終えて帰宅し、子どもたちの食事の支度をし、夜中は高齢者の世話に追われ、翌朝にはまた出勤する。正社員となることを求めた佐藤さんにとって、介護を理由に会社の仕事を減らすよう求めることは難しかった。フルタイムで働きながら二人の高齢者を介護する厳しさを行政に相談したが、施設はいっぱいと言われた。心身ともに疲れ果て、うつ状態になって病院で薬を処方された。「なぜこんな目にあわなければならないのか」と、気丈な彼女が語るうちに、涙ぐんだ。

介護は被災下でもなくならない。だが、被災下の介護支援について、防災計画では何も決められていなかった。平時でも見えにくい家庭内の介護は、被災下の救援体制からすっぽり抜け落ちていたのだった。

見えない負担の倍増

参加者の中には、福島西部の会津からやってきた六〇代の農業を営む女性がいた。会津は震災による被害は少なかった地域とされている。だが、そこにも被害は及んだ。安心な場所を求めて県内の親戚が次々と避難してきたため、一時は一三人が同居し、その衣食の世話に、彼女と息子の妻が走り回ることになった。

避難してきた親戚の中の若者二人が、暗い顔で「おれたちはもう福島の女性としか結婚できないかもしれない」とささやきあうのも聞いた。被曝差別への不安だった。「福島を誇りにしろと言ってきたのに、これからは隠せと言わなければならないのか」と胸がつぶれる思いだった。親戚たちに気兼ねして、幼い内孫が大声を出せず、元気をなくしていくのも気がかりだった。被災してきた人々の体のケアから心のケアまで、女性たちは一身に背負っていた。

このままでは共倒れになると意を決し、一カ月後、「もう落ち着いたでしょうから、帰れる人は帰ってほしい」と言い渡した。地域で男女共同参画のネットワークにも参加してきた彼女は、比較的、言うべきことを口にできる訓練を積んでいる。だが、近隣の農家の女性たちの多くは、農作物の風評被害に悩む夫や息子の不機嫌にハラハラし、それでも「農家の嫁は家の恥を外にさらすな」と言われて我慢を続けていた。被災下では女性たちの見えない負担が倍増する。DV（ドメスティック・バイオレンス）が起きたらどうしよう、こうした女性たちのために、女性に寄り添って話を聞いてくれる女性相談やカウンセリングがあったらどんなによかったか、と、彼女はつぶやいた。

女の仕事は軽い？

やがて、ハローワークから黒田さんが戻り、語り合いに加わった。

黒田さんは、毎年三月末に契約が終わり、翌年分を更新する非常勤の形で保育士として働き続けてきた。震災の前年に六〇歳になった黒田さんは、「二〇一一年の春からは仕事を減らしたい」と考えていた。体力の衰えを感じ始めていたし、仕事より社会活動に軸を移したいという思いもあったからだ。そこで、他の保育士が出勤したがらない土曜日だけの出勤というシフトを新しくつくってほしいと市に交渉していた。その矢先に震災が起き、原発事故が起きた。

放射線被害への不安に駆られて、黒田さんは県外に一時避難したが、気持ちが落ち着いた三月二八日、勤め先の保育園に立ち寄った。園長は「来年の契約更新はないそうですよ」と言った。非正規は、何年契約を更新して働いても、形式的には、一年や半年の短期で切れる。だから、たまたま契約更改期に何か起きると、契約更新の交渉ができず、自動的に仕事を失うこともありうる。そんな非正規の弱みが、震災で浮き彫りになった。

労働時間を減らそうとしていた矢先だったこともあり、もう諦めようかと思った。だが、それではいけないとも思った。家族の生活がかかっているシングルマザーも含め、同僚の保育士たちが例年よりずっと多く切られているのを知ったからだ。日本の働く女性の五五％、つまり過半数が、こうした短期契約の非正規労働者だ。自分が泣き寝入りすることで悪い先例を作ってはいけないと思った。職場の全日本自治団体労働組合(自治労)の助けを借りて市との交渉に入った。だが、雇用はつながらなかった。

郡山に入る前に、私は市役所に、黒田さんの契約打ち切りについての取材を申し入れていた。震災で壁の一部がはげ落ちた庁舎は、災害対策で騒然としていたが、職員は、そんな中で、丁寧に対応してくれた。

震災で雇用が失われると、社会不安は増幅する。だから今回の震災でも、政府は雇用の維持を呼びかけていた。それなのに、行政が安易に契約を打ち切っていいのかと、職員に聞いてみた。特に、被災下では、佐藤さんの例にも見られるように、家族のケアなどで女性の負担は倍加する。政府は、仕事と生活の調和を進める「ワーク・ライフ・バランス政策」を推進してきたのだから、黒田さんが求める週一日シフトを、災害時のワーク・ライフ・バランスを保つための特例として認めてもよかったのではないか。そうすれば、多くの働く被災女性の安心のもとになったのではないか。だが職員は、「交渉ではフルタイムなら契約は更新すると話していたのに、それではだめと言うのでしかたなかった」と、繰り返した。

東日本大震災では、被災地外の各地でも、女性のパートを中心に、大量の契約打ち切りが出ていたことが、被災者のための労働相談から浮かび上がってきている。震災で会社がつぶれてしまったならしかたないが、中には「震災でこれから景気が悪化するかもしれないから、それを見越して人員削減をしておく」といったものも少なくなかったと、労働相談にあたった弁護士の中野麻美さんから聞いた。

雇えない会社に雇えというのは無理だ。だが、これから悪くなるかもしれないからという理由で雇用を打ち切れば、失業は実際の経済状況以上に膨らみ、消費も衰え、経済はさらに悪くなる。しかし、「労使交渉をしてみては」と勧めても、「聞いてもらっただけでありがたかった」と言って電話を切ってしまう女性が多かったと中野弁護士は言う。

原発爆発の後、幼い子どもを抱える各地の若い母親たちは、放射能に汚染されていない安全な水や食べ物を求めて店を駆け回った。震災で家族が不安に陥っているとき、家庭の女性はそのケアに必死だ。「労使交渉」のような負担は増やせない。特に、夫が家族全員が生活できる世帯賃金を稼いでいる家庭では、被災下で妻がそのような交渉にかかわることにいい顔はしない。

夫が家計を維持し、妻はこれを無償のケア労働で支えることが「普通」とされる社会では、女性の仕事は軽い。女性の家庭の労働は「やって当然の無償の仕事」とされ、女性の外での賃労働は、「本務」である家庭の仕事の片手間に行う「お遊び」とされてしまうからだ。その軽さは、被災下でも女性の働きを災害対策の外に追いやってしまっていた。

避難所の見えない労働

そんな女性たちに何が起きているのかをつかもうと、東日本大震災では、各地にできた避難所に、多くの女性グループが支援に入った。そのひとつが、税理士や弁護士、精神科医、助産師、カウンセラーなどが震災後に立ち上げた「全国女性相談研究会」だ。DVの被害者支援など女性を支える活動に携わってきた専門家が、被災地での女性支援を目指して立ち上げた。

郡山入りからほぼ一カ月たった二〇一一年五月、都内でこの会の報告集会が開かれ、避難所の状況が浮かび上がった。そのひとつが、プライバシーを確保する間仕切りがないという問題だった。そのために、男性や報道陣が行きかうそばで、毛布をすっぽりかぶって着替えをしたり、壁を向いて授乳せざるを得なかったりする女性たちがいたという。

女性用トイレの入り口が、たまたまその周囲にたまり場をつくっていた男性たちから丸見えなのが気になって、トイレに行くのをがまんしているとの訴えもあった。女性支援者が「避難所の責任者に話してあげる」と言うと、「みんなが大変なときに、わがままと言われたら避難所にいられなくなる、絶対に言わないで」と泣かれた。避難所を運営する意思決定の場に女性が入っておらず、女性被災者からの要望のパイプが詰まっている状況が見えてきた。

中には、女性被災者だけが避難所の食事作りを任されていた例もあった。男性被災者は、がれき処理などの労働に出かけていくが、これには賃金が払われる。「なぜ自分たちはただ働きの食事作りを引き受け、男性がお金をもらえる仕事に出ていくのか」と疑問をぶつける女性もいた。

食事作りは重労働だ。早朝に起きて一〇〇人、二〇〇人分の食事を調えると、すぐに昼食の時間が来る。まだ電気が通じていない時期には暗くなる前に夕食を配らなくてはならないので、午後四時には夕食をとれるよう、昼食が終わったらすぐに夕食の支度だ。男女が夫婦で生計を共にし、外に働きに出かけた男性の賃金が家庭で無償労働にあたる女性に返ってくるなら、この分業に一応の合理性はある。だが、夫や父を失っている避難所の女性たちの中には、そうはいかない例も少なくない。しかも、避難所から仮設住宅に移れば、自力で生計を立てていかねばならず、お金もいる。「やって当たり前の無償の家事労働」が、避難所でも女性の役割として当然視され、女性たちの将来への不安をかきたてていた。

神戸在住の正井礼子さんは、一九九五年の阪神・淡路大震災の直後に女性被災者の相談窓口を開き、いくつものDV相談を受けた。震災前から女性の人権を守るため「ウィメンズネット・こうべ」を立ち上げており、その流れで始めた活動だった。この試みを生かして、「『災害と女性』情報ネットワーク」のサイトも立ち上げ、東日本大震災でもいちはやく避難所の女性支援を始めていた。震災から三カ月たったころ、避難所を回っていた正井さんは「いま一番ほしいものは仕事！」という声を女性被災者から聞いた。マスメディアでは、大災害による心の傷のケアが叫ばれていた。だが、女性被災者たちにとっては、次の生活へ向けた経済力への不安が大きかったというのだ。

女性が賃金を稼ぐことへの反応の鈍さは、雇用対策の面でも表れていた。郡山訪問から三カ月たった七月、訪れた宮城県石巻市では、四〇代前半の女性から、こんな声を聞いた。「ハローワークに行ったが、筋肉労働ばかりで自分ができそうな仕事の求人票はまったくなかった」。父母の家に同居し、独身でその店を手伝っていたこの女性は、津波で父母を失った。自身もがれきの中から助け出されたが、親も職場もなくなり、経済的自立への不安におびえていた。

そもそも震災直後は、がれき処理などの肉体労働が圧倒的に多い。一九二三年の関東大震災でも、復興のための土木作業員には大量の需要が発生する一方で、「知識階級や工場労働者、職業婦人」の失業が深刻化したと関西大学の永松伸吾准教授は、著書『キャッシュ・フォー・ワーク』の中で指摘している。そんな中、被災三県の女性の失業手当受給者は、ピークの二〇一一年六月には男性より一万人多い四万五五〇〇人に達した。同時期の六月三日付『毎日新聞』は、仙台市で被災した女性を売春させていた容疑で東京のバーの経営者が売春防止法で逮捕されたことを報じている。記事によると、女性は自宅の家具の修理などで貯金を使い果たし、勤め先の工場も被災して仕事がみつからず、生活費に困って上京したところ、売春するよう言われ、賃金を受け取るまでは我慢しようと働き続けたという。紙面の片隅の小さな記事だったが、女性の仕事がない状況の深刻さを浮かび上がらせる。

被災地の女性の失業率はその後も男性を上回り続けた。二〇一一年一一月三〇日付『朝日新聞』は、家族の世話で長時間働けないことが女性の仕事の選択の幅を狭めていること、男性の職探しが優先され、車を夫が使ってしまうため、妻は職探しに行けないことなどを理由として挙げている。女性が家庭に抱える見えない労働や、労働は男性が行うものという平時の規範が、女性の失業率を押し上げていることをうかがわせる記事だ。

復興でも見えない「家事と女性」

東日本大震災では、このような女性被災者の実態が、女性支援者を通じて政府にも伝えられ、当時の民主党政権は震災での雇用対策に女性を視野に入れた対策を盛り込んだ。仮設住宅の見回り員に女性を起用したり、がれき処理の緊急雇用に筋力がさほどいらない泥かきなどの手作業を盛り込んだりしたのは、その一例だ。

二〇一一年度の三次補正予算では「被災者の就労支援・雇用創出に関する総合対策」の中に「生涯現役・全員参加・世代継承型雇用創出事業」が設けられた。高齢者、女性、障害者など、健常者の男性以外の人々も活躍できる雇用づくりのモデルとなる事業で、将来は自立して雇用を創出できるような事業に補助金を出す制度だった。だが、岩手県経済・雇用対策本部会議が二〇一一年一一月の第三回会議で配った資料では「高齢者」「障がい者」の記述だけで、「女性」の文字はなかった。女性支援グループからの連絡で厚生労働省が県に確認し、「女性」はようやく復活した。女性団体の抗議に対し、県の担当者は「もう女性を特記する時代ではない」と釈明したというが、女性の経済力強化策の必要性を、政策担当者が見過ごしてしまいがちな現状を浮き彫りにした例だ。

女性が個人として経済力を持つ仕組みが整っていない地域がなお存在することを、震災は、預金口座という面からも浮かび上がらせた。途上国の妊産婦を支援する国際協力ＮＧＯ「ジョイセフ」は震災直後から、被災産婦の支援と女性の経済的自立とを抱き合わせた「ケショ・プロジェクト」を始めた。ケショとはアフリカで多く使われるスワヒリ語で「あした」を意味するもので、二〇一一年三月一日から年末までに被災地で出産した女性に対し、五万円の祝い金を贈って支援する試みだ。ここでは、祝い金の振込先を、夫の口座ではなく自身の口座に限ると指定し、女性が自前の口座を開設して自身の資産を持つきっかけとすることも狙っていた。ジョイセフの石井澄江事務局長（現・代表理事）は、宮城や岩手の農村部には女性が自身の口座を持っていない例や、持っていても夫の口座に振り込ませる習慣の女性が少なくないことがわかり、自前の口座を持つことを促そうとしたこの企画に一定の意味があったと話している。

　このような「世帯主中心主義」の仕組みの下では、女性は無償の家事労働を引き受け、大である男性をケアし、支えることでその経済力を高め、増えた夫の稼ぎの割り戻しを受けて豊かになることが想定されている。この仕組みが災害弔慰金制度にまで及んでいることを、震災は浮かび上がらせた。この制度では、災害で亡くなった人が家計を主に支えていた場合、五〇〇万円の弔慰金を受け取れる。ところがその他の人々が亡くなると、半額しか受け取れない。たとえば、夫が津波で亡くなり、妻に、被扶養者の条件とされる年収一〇三万円のラインを超える収入があった場合、受取額は二五〇万円に減額される。個人が生計を支えるためにいくら必要かではなく、夫の扶養の有無で支給額が大きく分かれることになる。

　一九九五年の阪神・淡路大震災の被災者支援のために生まれた「被災者自立支援金」も、災害弔慰金の支給等に関する法律施行令によって、支給対象は被災した世帯主となっている。この支援金は、阪神・淡路大震災復興基金をもとに一九九八年に発足したが、その結果、一九九五年に被災して九八年以前に被災者ではない男性と再婚し、世帯主ではなくなった女性が支援金を受け取れなくなったという例も出た。この女性は裁判に訴え、高裁で「世帯主被災要件は公序良俗違反で無効」との判決が出て確定した。だが、基金側はこの要件を削除せず、訴えた女性を特例として対応した。このため、世帯主要件は残ってしまった。こうした世帯主要件は、一九九八年に被災者の要望で生まれた「被災者生活再建支援法」にも規定された。世帯主である夫に支援金が渡される仕組みであるため、DV夫から逃げているシングルマザーなど、夫と同居できない女性には著しく不利な仕組みとなっている。

被災父子家庭の苦難

こうした仕組みに苦しんでいるのは女性ばかりではないと、全国父子家庭支援連絡会理事で宮城県父子の会代表のシングルファーザー、村上吉宣さんは指摘する。

村上さんは三四歳。二人の子どもを抱えるひとり親だ。震災で妻と死別した父子家庭の支援にもあたってきた。「今回の震災では父子家庭の父たちも、津波によって住むべき地域と家、そして仕事と、あらゆるものを失った。父親相談の中で目についたのが、遺族年金問題と住宅ローンなどの債務問題だ」と言う。

遺族年金は、生計の担い手である年金の被保険者が亡くなったときに遺族に支給される。この中には、国民年金から支給される全国民共通の遺族基礎年金や、勤め人が加入する厚生年金保険の遺族厚生年金、共済組合の遺族共済年金などがある。

ところが、遺族基礎年金は、「子のある妻または子」に支給されることになっている。だから、妻に死なれた夫には支給されない。妻が厚生年金に入っていても、死亡時に夫が五五歳以上でないと受給資格がなく、支給されるのは六〇歳からだ。しかも、亡くなった妻が自営業で国民年金に加入しているときは、子があっても、夫や子に支給されない。つまり、夫は自力で稼げることになっているので、基本的には自分で稼ぎなさいということになっているというのだ。

ところが、日本の男性の働き方は、妻が家事をすべて担うことで残業をめいっぱい引き受け、世帯賃金を稼ぎ出すというものだ。だから、妻に死なれると、男性は子どもの世話などで残業ができなくなり、世帯賃金を稼げなくなることが少なくない。特に震災によって妻が急死した場合は、ショックを受けている子どものストレスケアの負担が大きく、父親はこれに時間を割くことになるため、負担はさらに大きくなる。

村上さんが支援した被災父子家庭では、震災で母親を亡くした子どものトラウマが大きく、夕方になると、父親が子どもに付き添って母親が亡くなったときに乗っていた車が置いてある場所に出かけないと、子どもが落ち着けないという例があった。子どもは、母親が亡くなった助手席のドアをあけ、「ママ、おうちに帰ろう」と言って手をつなぐ真似をし、自分たちが乗ってきた車の助手席を開けて母親を乗せる真似をし、家まで戻る。家に着くと、助手席を再度開け、また母親と手をつなぐ真似をし、「ママ、お帰りなさい」と言いながら、玄関に一緒に入るふりをする。これを、毎日繰り返して、ようやく落ち着くというのだ。

こうした状況では、残業は断らざるを得ない。だが、男性は残業を断ると職場にいづらくなる。その結果、賃金が減ったり、解雇されたりして、収入が減る父子家庭は少なくない。それでも、「父子家庭は稼げるから」という理屈で、遺族年金の支給対象から外される。妻の家事は、「見えない労働」だ。だから、これを失ったことがその後の家庭の経済に、どれだけ影を落とすのかが、理解されないというのだ。

村上さんがもうひとつ挙げた「住宅ローンなどの債務」も、気がつきにくい点だ。夫に死なれた妻は経済力が弱いとされているため、住宅ローンを借りるときは夫に保険をかけ、夫が亡くなったらその保険から残った債務を支払う方式をとることが多い。ローンを払うのは夫の役目、となっているので、夫が死んでも遺族が困らないようにというわけだ。

一方、妻に死なれて家事労働力を失い、その結果、経済力が低下した男性は、自力でローンを払い続けなければならない。震災で家がつぶれ、住む家はもうないのにローンだけを独力で背負い続ける過酷さは想像を超えるものがある。

私たちの社会は、「生活力とは男性が外で稼ぐ力」として、「女性が無償でケアする力」が持つ生活力を視野の外に追い払ってしまった。それがいま、さまざまな貧困と生きづらさを生み出しつつある。

大震災は、日常の生活に裂け目をつくり、そこから「家事労働がないことになっている世界」についてのさまざまな奇妙な物語が立ち上りつつある。このように、存在している家事労働が、存在しない、見えないものとして扱われ続ける世界の歪みを、次章から、たどっていきたい。それは、被災地の外でも繰り広げられる、もうひとつの百物語である。

第1章

元祖ワーキングプア

「最高更新」のかげで

「女性の賃金　最高更新／昨年　男性の七割に差縮む」

二〇一三年二月二二日、『日本経済新聞』の一面トップに、こんな見出しが躍った。厚労省の調査で、フルタイムで働く女性の月額平均賃金が月二三万三一〇〇円と二年連続で過去最高となり、男女格差も男性の七〇・九％と過去最小になったという。うれしいような気持ちと同時に、こんな持ち上げ方をしていていいのか？という戸惑いのようなものを感じたのは、その二日前に聞いた宇山洋美さんの話が、心にのしかかっていたからだった。

二〇一二年、国際通貨基金（IMF）は、雇用と成長についての報告書を公表し、日本経済が高齢化に対応するためには女性の就業拡大が不可欠と提言した。二〇一〇年時点で六三％にとどまっている女性の労働参加率を主要先進七カ国の平均を上回る七〇％にまで引き上げれば、潜在成長率は〇・二五ポイント上昇するという試算つきだった。これを受けて、その年の一〇月にはNHKも、「女性が日本を救う？」と題する女性の活躍を扱った七三分の特別報道番組を、地上波のゴールデンタイムといわれる時間帯に放送した。そんな論調を、当の女性たちはどう受け止めているのか。それを確かめたくて、現役の派遣社員として派遣労働の現場についてさまざまに執筆してきた宇山さんに取材を依頼していたのだった。

東京・御茶ノ水駅近くのカフェで待ち合わせた宇山さんは、五三歳。大手エネルギー会社の子会社で一三年間、派遣社員として働き続けてきた。開口一番、「女性の経済への貢献？　もう十分させられてますよ」。ぶつけるようなその調子に、私はたじろいだ。

学生結婚した夫と別れ、シングルマザーになったのは二四歳の年だった。結婚で大学を中退したため職歴がなく、しかも二人の幼児を抱えての就職活動に、企業の門戸は閉ざされていた。家事や子育て経験はまったく評価されず、「残業ができない」「子どもの病気で休む」とマイナスに受け止められただけだった。

正社員の仕事がみつからないため、スーパーのレジ打ちや学校の給食調理員などパートタイムの仕事をつないで働き続けたが、最低賃金ぎりぎりの非正規の収入では家賃が払い切れず、実家に戻った。ところが保育所への入所を申し込むと、母親が同居していることを理由に「世話をしてくれる人がいるので優先度が低い」とされてしまった。悩んだ末、区議会議員に窮状を訴え、その仲介で、ようやく入所が認められ、当時、母子家庭支援事業として用意されていた公立保育所の保育士補助職にも採用してもらえた。

だが、一九八〇年代後半からの民営化の流れの中で保育所の民間委託が進み、こうした母子家庭のための公的な仕事枠も失われた。二〇〇〇年、四〇歳でたどりついたのが、大手派遣会社の事務派遣の仕事だった。

派遣会社に登録し、派遣依頼があった企業に出向く「登録型派遣」だった。登録型派遣は、派遣先で仕事を打ち切られると派遣元である派遣会社との雇用契約も切られてしまう働き方だ。そんな不安定な働き方が、一九八五年の労働者派遣法制定で認められたのは、専門性の高い業務だから賃金は下がりにくいはず、という建前があったからだった。宇山さんも、ＯＡ機器操作という「専門技能」のある業務を行うことになっていた。ところが派遣先では、来客へのお茶出し、事務、経理、政府からの補助金の申請書づくりなど、正社員の女性とまったく同じ仕事を任せられ、長時間労働もこなしたが、賃金は正社員女性の半分程度だった。繁忙期には深夜まで残業を命じられ、月に九〇時間を超える残業時間の時期もあったが、残業代は実際の残業の半分程度しか払われなかった。手取りは月二〇万円程度で、二人の子どもを養い、教育するにはとても足りなかった。

スキルを上げれば賃金は上がるかもしれないと、独学で英語を学び、海外からの顧客や国際電話の対応も引き受けた。だが賃金は同じだった。派遣社員は派遣会社の社員ということになっているので、賃上げは実際の職場である派遣先ではなく、所属する派遣会社にかけあうしかない。だが、「賃金は派遣先から来る派遣料から利益と経費を引いたもの。派遣料が上がらなければ上げられない」と言われた。派遣会社には派遣料の内訳を開示する義務もなく、賃金が妥当なのかもわからない。「政府の審議会の委員をやっている大学の先生の論文には、派遣はスキルを磨けば昇給するって書いてあるんですけどね」と、宇山さんは笑った。

一三年間で派遣先の上司は何人も交代し、職場の仕事を一番知っているのが派遣の宇山さんという皮肉な現象も生まれた。これだけ長く必要とされてきたのだから、正社員に転換するよう申し入れてほしいと派遣会社に頼んだこともある。だが、「派遣会社にとって派遣先はお客様、お客様に要求はできない」と断られた。しかたなく、派遣先の上司に直接かけあうと、「人事に話してみる」と言ってくれた。契約更新を何度も繰り返し、ことが起きるたびに名目上の雇い主である派遣元に打診しなければならない手間が、上司にはわずらわしかったようだ。ところが、人事部は拒否した。「ひとり正社員化を認めると、他の派遣社員からも要求が出て人件費が上がる」というのだった。派遣社員がただのコストにしか見えない人事部と、使いやすい働き手を求める現場とのずれが、そこにあった。

育休手当も対象外

冒頭の「過去最高」の格差縮小となった男性の七〇・九％という数字は、正社員に契約社員を加えた「一般労働者」（フルタイム労働者）の女性の時給ベースの平均賃金だ。契約社員はフルタイム労働だが契約期間は半年や一年の短期雇用で、一方、正社員は定年まで働ける期限のない雇用だ。フルタイムのうち正社員女性だけを見ると、正社員男性の七三％とさらに差は縮まる。やっと到達したこの七割という数字も、主要先進国の八割、九割と比べれば格段に低い水準だが、とはいえ、正社員女性の賃金は前年の一・三％増と、伸びている。非正社員女性が前年比〇・三％増とほぼ横ばいにとどまっているのに対して、正社員女性の賃金上昇が男女差の縮小を牽引していることがわかる。

だが、二〇一二年の労働力調査では、働く女性の五五％が非正社員だ。これらの多くは、宇山さんのように、正社員と同等の仕事を引き受けていても昇給はない。そうした過半数の女性たちの賃金は、「過去最高を達成した女性の賃金」の統計には含まれていない。

宇山さんが非正社員として働き続けてきたのは、子どもがいることを理由に正社員としての採用の道が閉ざされていたからだった。家事や育児を担っていることが、貧困化への入り口となることを、その体験は示している。

このような非正社員女性は、低賃金や雇用の不安定さだけでなく、育児休業(育休)でも対象外に置かれがちだ。一年以内の短期雇用契約を繰り返し更新して何年も働くやり方を取ることが多いため、契約書の上では一年間の育休を取るはずのない働き手となっているからだ。EU(欧州連合)指令では、有期雇用は季節的な労働など仕事が短期しかないものに限ることが原則とされている。だが、日本ではこうした規制がなく、何度も短期契約を更新して正社員同様に長く働かせる「名ばかり有期社員」が横行してきたことが、背景にある。

少子化対策が叫ばれる中で、二〇一〇年から育児休業中の育休手当の給付率は、休業前の賃金の四〇%から、五〇%にまで引き上げられた。だが、そもそも育休をとれない非正規の女性たちは、この恩恵も受けられないことになる。低賃金の労働者ほど育休手当も受け取れないという「水に落ちた犬は打て」の仕打ちである。

二〇〇五年に取材した三〇代の派遣社員の体験は、こうした過酷な状況をわかりやすく示している。この女性は大学を卒業して正社員として就職したが、長時間労働で体を壊して退職、再就職先がみつからず、大手派遣会社に登録して派遣社員として働いているうちに妊娠した。夫は契約社員で、彼女の収入なしでは家計は成り立たない。派遣会社が育休を認めてくれれば育休手当が出る。これに夫の収入と合わせて、なんとか乗り切ろうと思った。だが、派遣会社の男性営業担当は「派遣先のニーズに合わない、ビジネスとはそういうもの」と契約解除を通告してきた。さらに、夫に対し、「同じ男として、面倒を見る自信がないのに妊娠させたりはしません。私も妻がおりますが、家でごろごろしております。（中略）いつ妊娠しても大丈夫な経済的蓄えもございます」というメールを送りつけてきた。女性は夫の経済力で生活すべきで、子どもができたら働き続けることなど論外、派遣会社はこれを前提に労務管理をしているということだ。しかたなく中絶を決意して訪れた病院で、面談した看護師は「あなたも派遣のエアポケットに落ちてしまったのね」と言った。派遣社員の中絶が珍しくないと感じて衝撃を受けたと女性は言う。

男性の非正規労働者も増え続け、すでに二〇〇四年時点で、学校を卒業後の男性では一五歳から二四歳で三割近く、二五歳から三五歳でも一割を超えていた。夫なら世帯賃金を稼げるはずという前提はとうになくなり、妻の経済力が家計のもうひとつの柱として不可欠になりつつあった。だが、そんな現実を無視して、家事・育児を担う女性の経済力を軽視する傾向はなおも続いている。二〇一一年一〇月二四日付『朝日新聞』に、「主婦力に熱視線」との見出しで掲載された記事では、育児や家事の都合で短時間勤務を求める主婦に狙いを定めた派遣会社を紹介している。ここでは「働く時間や場所などの都合を聞く分、主婦の時給は割安にできた。

人件費を抑えられる点をアピールし、採用企業を開拓した」と、当然のように書かれている。子育てなどの家事を抱え、働く時間や場所が制約されている弱みにつけこんで、スキルに見合った賃金が保障されないことが不思議とも思われない私たちのいまが、透けて見えてくる。

とはいえ、非正規労働者の育休問題は、「家族を養う」はずとされる世代の男性と、出産適齢期の女性たちの間にも非正規が激増する中で、「少子化対策の尻抜け」として問題にされ始めた。二〇〇一年には、千葉市の非常勤嘱託の手話通訳員が正職員でないことを理由に育児休業を拒否されたとして、日本弁護士連合会（日弁連）に人権救済を申し立てた。日弁連の報告書によると、女性は一九九八年に手話通訳として採用され、毎年契約を更新してきたが、育休を要求すると、拒否されたうえに翌年度の契約更新も拒否されたという。日弁連は二〇〇四年、千葉市に対し育児休業中に職員に支給する育休給付金の支払いや、非常勤にも育休を認める条例改正などを求める勧告を行っている。批判の盛り上がりに、二〇〇五年度から施行された改正育児・介護休業法では、一年以上継続して雇われ、生まれた子が一歳になった後も雇用継続の見込みのある場合などは、非正社員でも育休を取れるとされた。

だが、女性の労働問題に取り組む「働く女性の全国センター（ACW2）」のホットラインでは東日本大震災後に、新しい異変が起きている。伊藤みどり代表によると、ホットラインへの相談では勤続一年未満が三割を超え、五年未満と合わせると六割に達するなど、雇用契約の短期化が猛スピードで進んでいる。必要な時に必要なだけ雇うという細切れ雇用が増え、改正育休法の対象になるような「一年以上継続して雇われる非正規女性」さえ、恵まれた部類の人たちになりつつあるのではないかというのだ。

正社員の男女格差

勤め先の大学の講義で、こうした非正社員の賃金の低さや不安定さについて説明したとき、女子学生の一人が、決然として言った。「私、絶対に正社員になります！」

だが、正社員になりさえすれば、問題が解決されるわけではない。大阪府の時任玲子さんは一九九五年、三三歳で出産した。建設コンサルタント会社で営業担当の正社員として活躍し、営業成績を上げていた。これを評価して、社長は、一二月の出産から保育所に空きができた翌々年度の四月までの一年四カ月の育児休業は受け入れてくれた。ところが、育休明けに事態は暗転した。子どもにアレルギー疾患が出て、そのケアのため残業を引き受けられなかったり、保育所から呼び出しを受けたりすることが増えた。社長は、営業成績に応じた賃金体系の嘱託にならないかと持ちかけてきた。一年契約を何度も更新すればすむことと言われ、断れなかった。一年を超えて育休を認めてもらったことに恩義を感じていたからだ。だが、一年後の契約満了時、更新は拒否され、時任さんは幼児を抱えて仕事を失った。

シングルマザーで、頼れる親も失っていた時任さんは、その後、営業の業務請負などを続けて独力で子どもを育ててきた。その契約も打ち切られるとわかった二〇〇二年、生活保護の申請に向かった。その窓口で時任さんは「あなたは働く力のある人だから、ハローワークに行ってみては」と助言された。出向いたハローワークで正社員のときに行っていた新人研修の経験を買われ、就労支援の非常勤職員として採用になり、一年契約を八回更新して二〇一一年まで九年間働いてきた。だが、同僚から職場でセクハラを受けていると相談され、是正させようと上司に相談すると、次の契約の更新を拒否された。納得がいかず、提訴に踏み切った。「制度が育休の権利を保障しても、仕事で実績を上げていても、会社は子どもを産んだら最後、戦力にならないと、あっさり切るんですよねえ」と時任さんは振り返る。

たしかに、女性の賃金水準は増加傾向を続けてはいる。日本でも、製造業が海外に移転し、サービス業が主流になる産業構造の転換が進み、男性の賃金低下と女性の賃金上昇があいまって、格差が縮みつつあるという側面は否定できない。だが、正社員でもなお、女性は男性の七三%にとどまっているのも、ひとつの事実だ。『平成二四年版男女共同参画白書』では、こうした男女の賃金格差の要因を分析している。白書が挙げるのは勤続年数と職位の男女差だ。その背後には、これまで述べてきたように、出産、育児とこれを支えるさまざまな家事労働の時間の重みで働き続けられない女性の現状がある。また、働き続けられた女性にとっても、昇進の壁は厚い。山口一男・シカゴ大学教授は二〇一三年八月、経済産業省所管の研究所のセミナーで、日本の企業では、勤続年数や学歴が同じでも女性の管理職割合が男性よりはるかに低いことを数量分析から明らかにして、聴衆に衝撃を与えた。ここでは、女性は育児などで早くやめるからと、あらかじめ育成の機会を与えないこと、女性には長時間労働できるかどうかが男性以上に求められる傾向があり、実際に長時間労働が必要かどうかより、長時間労働を引き受けることが会社のメンバーとして認められるための「踏み絵」にされていることが、問題点として指摘されている。ここでも、日本の職場の家事労働ハラスメント的体質が顔をのぞかせる。

年功賃金の比率が低下し、昇進しないと昇給しない会社は増えているのに、二〇一二年現在で、末端管理職の係長級でも女性は一四・四%、課長級は七・九%、部長級では四・九%にすぎない。女性管理職比率はじわじわと上昇傾向をたどってはきたが、国際労働機関(ＩＬＯ)の各国平均の三割に比べると、低さが際立つ。

「女性社員を家事労働の担い手と想定し、昇進から排除していく」というこのような日本企業の慣行は、もちろん大きな原因だ。だが、女性の間にも、管理職を避けたがる空気は根強い。それはなぜなのか。

労働政策研究・研修機構の二〇一三年の調査では、昇進を望まない理由として、男性は「メリットがない、または低い」をトップに挙げ、女性は「仕事と家庭の両立が困難になる」がトップだ。ここでも家事労働を無視した貢献を求める企業の仕組みが女性の壁になっている。日本で週五〇時間を超えて働く働き手は二八％と、主要先進国では飛びぬけて多い（図表1―1）。ただでさえ長い労働時間が、管理職になってこれ以上延びたら、家庭はどうなるのかという不安が出るのは、ある意味当然だ。興味深いのは、男性がトップに挙げた「メリットがない」という不満だ。最近では若い男性にも管理職嫌いが増えているといわれる。管理職であることを理由に残業代が払われない「名ばかり管理職」が増えていることへの警戒感が、そこにある。これら昇進拒否の理由を貫いているのは、家事労働など、人間に不可欠な私生活の時間を無視した極端な長時間労働への男女双方が抱える不安だと言えるかもしれない。

契約社員や派遣社員という非正規のフルタイム労働者の増加からもわかるように、日本の正社員は、実はフルタイムで働けることが条件ではない。会社が必要なときに何時間でも働けるという高い拘束を受け入れる人たちが「正社員」だ。そこには、家事や育児を一手に引き受け

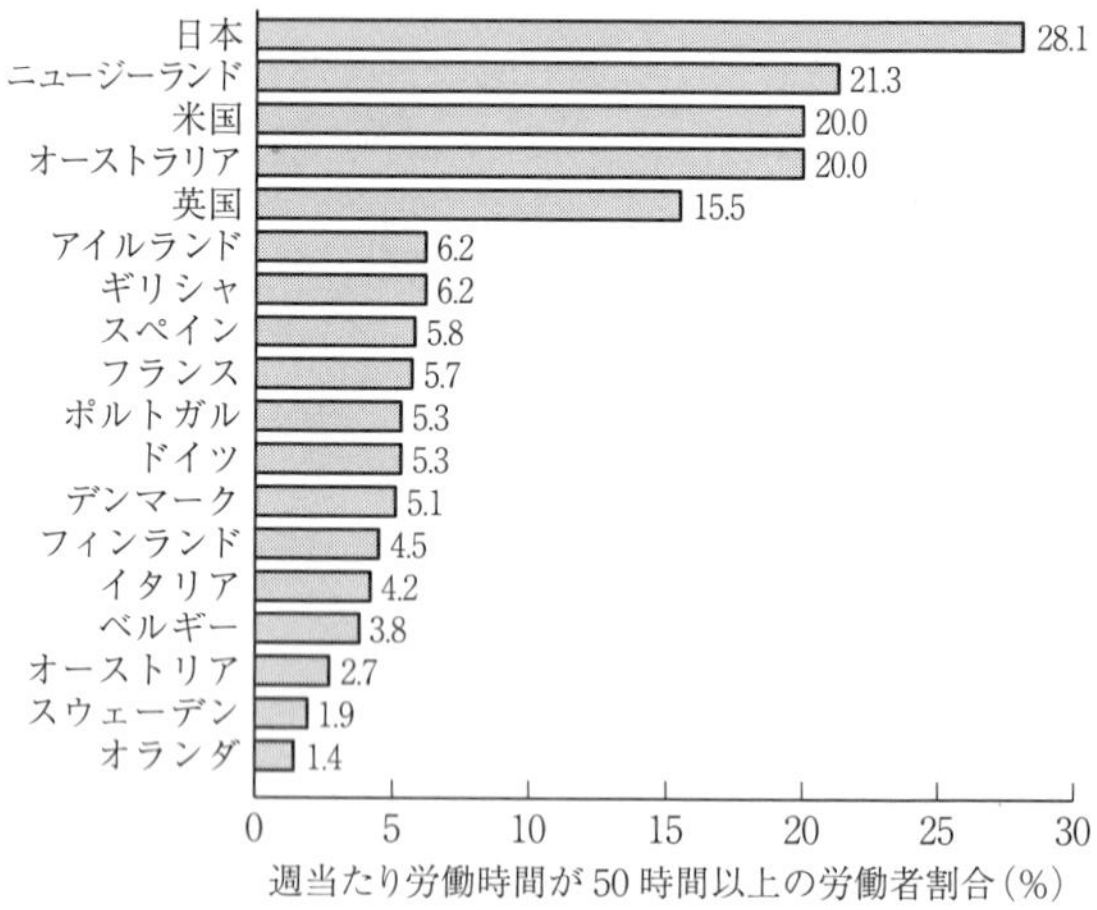

(注)米国データは1998年．米国と日本は49時間以上働いた比率．
原資料はILO, "Working Time and Workers' Preferences in Industrialized Countries: Finding the Balance"(2004).
(資料)内閣府『平成18年版国民生活白書』

図表1-1　長時間労働者比率(2000年)

る「妻」の存在が、暗黙のうちに織り込まれている。女性たちを昇進から排除し、その結果、賃金上昇からも排除しているのは、妻に家庭を任せられる働き手でなければ成り立たない高拘束を前提とする日本の労務管理だ。

　厚労省が二〇一〇年に生まれた子どもの母親を対象に行った「二一世紀出生児縦断調査」では、出産一年前に仕事を持っていた女性の五四・一%が、出産半年後には無職、つまり退職している。夫婦で働かなければやっていけない家庭が増える中で、前回の二〇〇一年の調査の六七・

四%と比べると一三ポイント以上改善されてはいるが、それでも過半数が出産退職していることになる。

しかも、退職者のうち「常勤」は二七・二%、「パート・アルバイト」は二五・一%で、正社員の出産退職の度合は非正社員とほぼ同水準だ。「常勤」がやめた理由のトップは、「育児に専念するため自発的にやめた」(四〇・七%)で、二位の「両立が難しいのでやめた」(三五・二%)、三位の「妊娠に関連した健康上の理由でやめた」(二五・六%)を上回る。両立を考える以前に、そもそも「両立」などという選択肢さえ考えられない女性たちが少なくない状況が浮かぶ。一方、「パート・アルバイト」の女性たちの退職理由では、「自発的にやめた」が四七・%でやはりトップだが、二位に「健康上の理由」が浮上している。厚労省の調査では、二〇〇八年から二〇一〇年に妊娠し、出産した女性のうち非正規の女性の早産の割合は、専業主婦や正社員の二・五倍にのぼるとされている。不安定な労働条件の下で、仕事を打ち切られることを恐れて母性保護を求められず、異常分娩に追い込まれるのではないかと、同省は推測している。

だが、ちょっと待てよ、という声も聞こえてきそうだ。厚労省の調査では、女性の育児休業取得率は、二〇一一年には八七・三%、出生児縦断調査でも九三・五%という高さだ。これだと日本は働く女性のほとんどが育児休業をとれている母親社員に優しい社会に見える。

だが、育児休業取得率の定義を見ると、そのからくりが見えてくる。育児休業取得率は、「調査時点までに育児休業を開始した者（開始予定の申出をしている者を含む）の数を、調査の前年度一年間の出産者（男性の場合は配偶者が出産した者）の数で割った比率」のことで、妊娠がわかってもやめずに働き続けた人たちのうちの八割、九割が育休をとったということにすぎない。出産前に仕事をやめてしまった半数を超す女性たちは、そもそも勘定に入っていないのである。

「女性の貧困元年」

とはいえ、日本でも雇用の場での性差別解消を目指した男女雇用機会均等法が制定されていたはずだ。あの均等法は、いったい何をしていたのか。

これを考えるため、国税庁の民間給与実態統計調査から、女性の給与所得の分布の変化を見てみよう。給与所得とは、会社員や公務員などの勤め人が勤務先から給料、賃金、賞与などの形で受け取る所得のことだが、これを均等法が施行された一九八六年、バブル崩壊を経た一〇年後の一九九六年、さらに一〇年後の二〇〇六年、そして、リーマン・ショック後の二〇〇九年の四つの時点を比べたのが、図表1-2だ。

一九八六年には、年間給与二〇〇万円以下の女性は五割を超え、三〇〇万円以下では八割と、

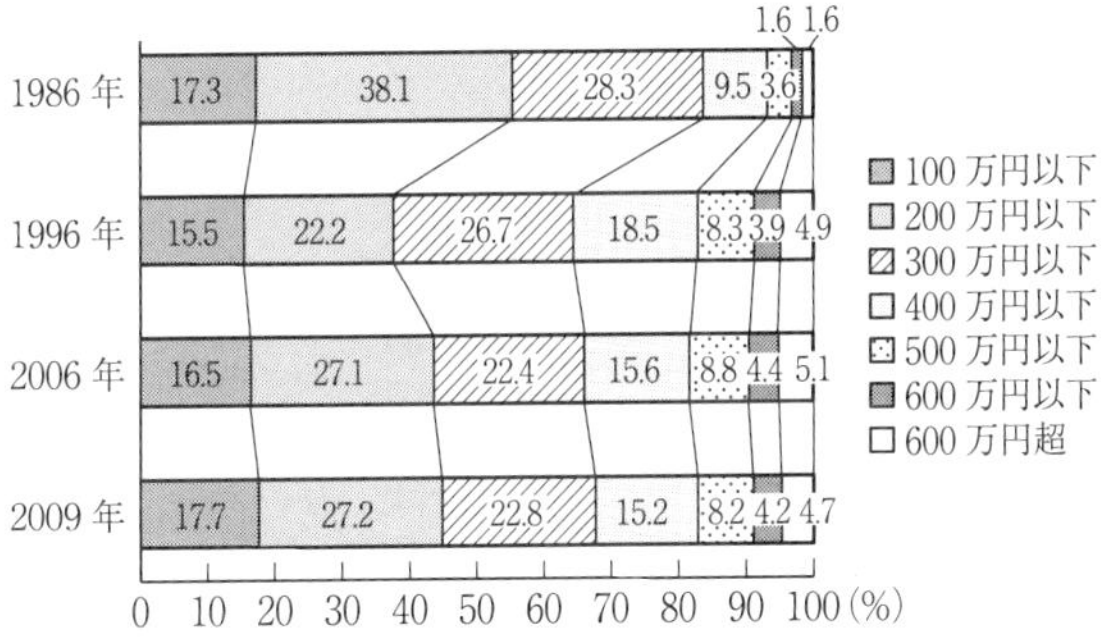

(資料)国税庁「民間給与実態統計調査」(各年度)より作成.

図表1-2　女性の給与所得の分布の変化

女性の圧倒的多数が自力ではまともな賃金を稼げていなかった状況がわかる。女性は夫の賃金に依存し、そうした依存を前提に夫が世帯賃金を保障されることが暗黙の了解となっていたからだ。だが、均等法によって募集・採用・配置・昇進・教育訓練などの差別が禁止され、同じころ始まったバブル景気も追い風になって、女性の職域は大きく広がった。その結果、一九九六年には二〇〇万円以下は三割台に、三〇〇万円以下も六割台に減り、均等法制定時にはわずか一%台だった六〇〇万円超のグループが、五%近くまで増えた。だが、その後は足踏み状態で、二〇〇二年から二〇〇八年までの戦後最長の景気回復と言われた時期に、むしろ二〇〇万円以下の女性は増えてさえいる。その原因は、均等法のスタート時点でのつくりにあった。

岩手大学の藤原千沙准教授は、この均等法が制定された一九八五年を「女性の貧困元年」と呼び、女性固有の貧困を招き寄せてきた構造が、ここから始まったと位置付けている（アジア女性資料センター機関誌『女たちの21世紀』二〇〇九年三月号）。女性の貧困化を制度化したとされる八五年の変化とは、①男女雇用機会均等法、②労働者派遣法の制定、③第三号被保険者制度の導入だ。

①の均等法は、女性の深夜業や休日出勤を禁じた労働基準法の女性保護の段階的撤廃と引き換えに制定された。経済界の「男性並みに扱ってほしいなら男性と同等に働くべきだ」との強い要求があったからだ。また、「家族を養う」ことを第一目標とする男性主体の労働組合の多くも、残業規制にさほど関心を示さなかった。労働基準法は一日八時間などの国際水準の労働時間規制を謳ってはいたが、三六条で、労使協定を結べば事実上青天井の残業も可能な仕組みになっている。多くの男性は野放しに近い残業や深夜業を引き受けてでも世帯賃金を稼ぎ出す必要に迫られていたため、この三六条による長時間労働の恒常化への抵抗が少なかったからだ。

一方、当時の日本労働組合総評議会（総評）婦人部など女性労働問題にかかわるグループは、欧州並みの「男女共通の労働時間規制」を求めていた。たしかに、女性だけに残業禁止を求めれば女性の排除は続く。だが、男女両方の規制なら、女性の排除はなくなるうえに男性も家庭に帰って家族生活にも参加できる。だが、女性の姿がほとんどなかった政界、官界、経済界では、このような意見は通らず、女性たちは、家事や子育ての時間を見込んでいない長時間労働職場に飛び込まされることになった。

欧州の雇用平等は、女性の深夜勤務禁止規定を男性にも拡大し、一日のうち連続一一時間働いてはいけない「休息時間」を導入する形で進んだ。こうした「男女共通の労働時間規制」とは全く逆の「男女共通の野放し残業社会」が、均等法を機に生まれることになった。視野を広げてみると、当時は中曽根政権の下、労働時間をはじめとする規制緩和真っ盛りの時代でもあった。均等法制定の三年後には、一日八時間を超えて働かせても一定期間の平均で一日当たり八時間労働になっているならよしとする「変形労働時間制」や、一定の職種の働き手については労働時間の規制を受けずに働かせることができる「裁量労働制」が導入されている。女性が働き続けるためには、一日当たりの家事・育児労働時間の確保が必要だが、これに逆行する制度が、均等法制定のころに、むしろ相次いで解禁されていたことになる。

女性保護の撤廃で、こうした労働時間に耐えられる条件のある女性は、男性の分野だった職場に進出していった。母親や親族の助けを得られるか、家事労働者を雇える収入があるか、夫が家事を支えられるかのどれかがあれば、それは可能だ。「妻つき男性モデル」とでも呼ぶべき、妻の支えがなければ難しい長時間拘束労働が条件の正社員には、女性にも「擬似妻」が必要ということだ。だが、家事や育児を抱えてそれができない圧倒的多数の女性たちは、出産などを機に退職に追い込まれ、パートなどの非正規労働者として再就職することになった。

また、結婚退職前の女性の低賃金に依存していた大手企業では、均等法を機に「総合職」「一般職」のコース別人事を設け、男性は全員総合職、女性はほとんどを一般職に仕分けすることで変化を避けようとした。コース別賃金は男女別賃金の看板の掛け替えにすぎないという批判が女性たちから高まった。一般職と総合職は、仕事内容がさして変わらない場合もあった。その場合は「全国転勤ができない人は一般職、できる人は総合職」という転勤を踏み絵にし、家庭責任を持つ女性は一般職を選ばざるを得なくさせられる方法がとられた。家事労働を担える働き方を求めようとすると、昇進しないコースに囲い込まれ、昇給も難しくなるという排除の仕掛けだ。一般職コースに分けられると、二〇代後半で昇給がとまり、四〇代、五〇代には給与が総合職男性の半分近くまで賃金差が広がることは珍しくなかった。その格差は定年後の年金額にまで響くことになった。家事・育児を担っていることが、ここでも貧困の促進剤となったのである。

一方、高拘束を受け入れて「女性総合職」として働き始めた女性たちの間には、長時間労働による過労で子宮内膜症を併発する例や出産退職へと追い込まれる例が増え、短期で退職して起業に活路を見出す「太く短く」型も話題になった。この時期、新聞や雑誌では、「ボロボロになってやめていく女性総合職」のイメージが頻出した。

一九九〇年代、都内で女性の働き方について講演したことがある。最前列に座っていた女性が、講演後に話しかけてきた。三〇代の専業主婦だという彼女は、女性総合職の一期生だったという。「女性のパイオニアとして恥ずかしくないようがんばろうと張り切っていたのに、出産で退職してしまいました」と彼女はうつむきがちに切り出した。

当時のサラリーマン家庭は、結婚すると郊外に一戸建てを構えることが多かった。割安で子どものためのスペースが取れること、自然に囲まれた庭つきの「かわいいおうち」へのあこがれ、それ以前に、家事を妻に任せるライフスタイルならば長時間通勤でもなんとかやっていけたことが理由だったと考えられる。この女性が就職後に結婚し、選んだ家はそんな郊外の一戸建てだった。通勤に二時間かかり、そこへ出産が重なった。産休明けから働き始めたが、長い通勤時間と、残業している同僚に謝りながら保育所へ向かうストレス、夜は子育てという毎日に体調を崩し、退職に追い込まれた。

「せっかく総合職として採用してもらったのに」と話すうちに、その目に涙があふれ出した。

私はむらむらと腹が立った。「なんであなたが泣くの？　間違っているのは、二時間の通勤時間とか残業が当たり前の職場とか、妻をあてにできる男性を基準にしたまちづくりや働き方でしょう」と、怒りまくっていると、目の前の彼女は明るい顔になっていった。「私が悪いんじゃないと言ってもらったのは初めて。これで先へ踏み出せそうな気がします」。彼女は退職後の長い期間、自分がなぜ働き続けられなかったのかを解明できず、ただ自分の「弱さ」を責め続けてきたようだった。

「派遣労働」の登場

藤原さんが挙げた二つ目の「労働者派遣法」は、こうして正社員からこぼれていく女性たちの受け皿として産声を上げた。

二〇〇八年秋のリーマン・ショックは、大量の製造業派遣の男性たちから仕事を奪った。派遣先の企業の寮などに住んで働き続けてきたこうした派遣労働者が契約解除とともに住まいからも追い出された事件は、「派遣切り」としてマスメディアをにぎわした。この年の暮れには、東京・日比谷公園に労組や市民グループが「年越し派遣村」と名づけた救援の場を設け、ここに「派遣切り」にあった男性たちが流れ込み、その様子が連日大きく報道された。その出発点となった労働者派遣法の制定のいきさつを聞きに、高梨昌・故信州大学名誉教授の自宅を訪ねたのは、二〇一〇年だった。

派遣法制定時に政府の委員として法案のまとめ役となり、「派遣法の父」とも呼ばれた高梨さんは「不要になったら派遣会社に戻すだけで、勤め先が働き手に責任を持たなくてすむような不安定な働き方を、なぜ認めてしまったのか」との私の質問に、こう答えた。

「均等法ができて女性も男性並みに長時間労働となれば、家庭を持つ女性は会社にとどまれない。パートは、労働時間は短いが、賃金も専門性も低くやりがいの面で弱い。家事や育児と両立できて、賃金や専門性を保障されるもうひとつの受け皿として派遣労働が必要と考えた」。

「派遣切り」のような事態は、事務系など女性の仕事に限って認めてきた派遣を、その後、製造業など男性が行う業務にまで広げたことが問題で、自分には責任はないというのだった。

だが、一つの企業内で働き続けることを前提に制度が設計されてきた日本には同一労働同一賃金(同じ仕事なら同じ賃金)などの仕組みが整備されず、派遣やパートになったとたん、時給ベースで正社員の半分の賃金になってしまう。そんな不公正な仕組みを、夫がいるから賃金が安くても食べられるとして子持ち女性に割り振ったことへの問題意識は、高梨さんの口からはついに聞かれなかった。

だが、働き手をこんなに簡単に「返品」のような形でクビにできる「便利」な働かせ方に、企業が飛びつかないわけがない。家事の担い手というレッテルの下にパートや派遣などへ追いやられた女性たちの増加で、非正規労働は均等法制定後の一九八〇年代以降、激増し、二〇〇四年前後には働く女性の多数派に転化する。その便利さに着目した当時の日経連(現・経団連)は、一九九五年、「新時代の「日本的経営」」を発表する。正社員を原則とした従来の雇用の在り方を、「長期蓄積能力活用型グループ」(従来の正社員)、「高度専門能力活用型グループ」(専門技能を持つ有期の社員)、「雇用柔軟型グループ」(入れ替え可能なパートや派遣)の三層に分ける人事管理に転換した文書としていまではあまりにも有名になったが、その下地は、家事・育児時間を考慮に入れなかった均等法のスタート時に準備されていたと言える。

山一證券など大手企業が次々と倒れた一九九〇年代後半から不況の中で、「必要なくなったら派遣会社に働き手を戻せる派遣労働者をどんな業務でも使えるようにすれば、企業は人を雇いやすくなって失業率が下がる」との名目の下、一九九九年、派遣労働が原則として全業務で解禁となり、二〇〇四年には、危険業務が多くて派遣では危ないとされてきた製造業でも派遣が認められた。翌二〇〇五年には図表1-3のように、若者を中心に男性の派遣労働の比率は一気に四割を超えた。

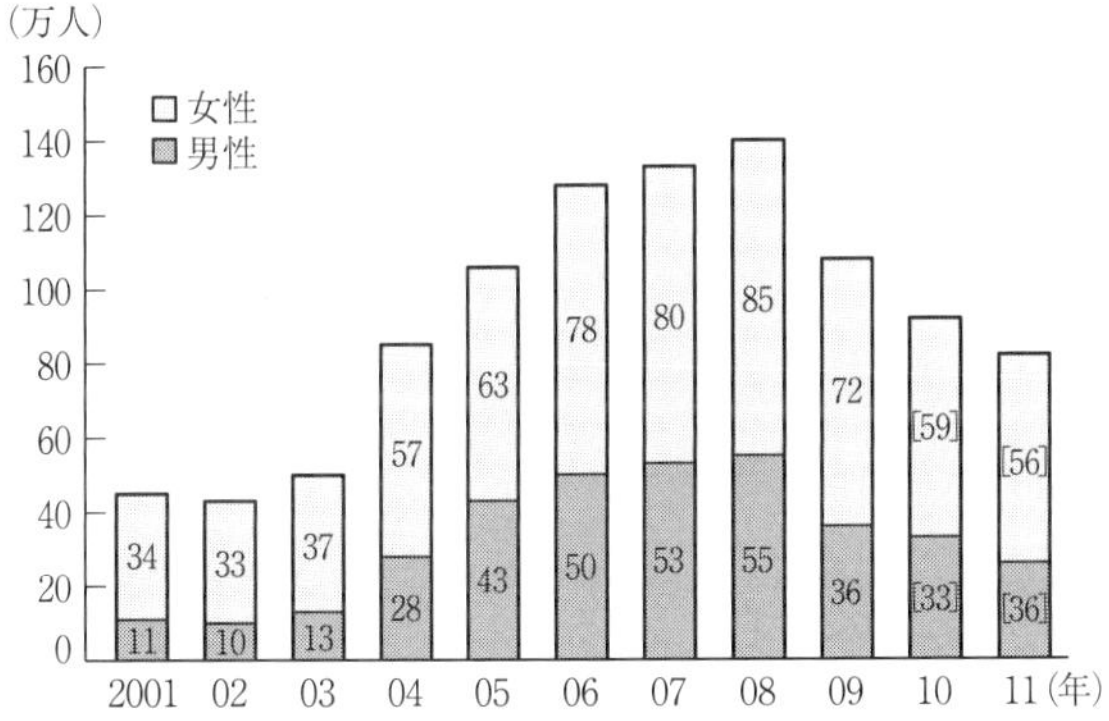

(注1)「労働力調査特別調査」と「労働力調査(詳細集計)」とでは，調査方法，調査月等が相違することから，時系列比較には注意を要する.
(注2)2010年及び11年の[　]内の実数は，岩手県，宮城県及び福島県を除く全国の結果.
(資料)2001年は総務省「労働力調査特別調査」(各年2月)，02年以降は総務省「労働力調査(詳細集計)」より作成.

図表1-3　労働者派遣事業所の派遣社員数の推移(男女別)

賃金の足引っ張った「主婦年金」

さて、三つ目の第三号被保険者制度の導入は、どのような作用をもたらしたのだろうか。勤め人の夫に扶養されている妻は、保険料を払わなくても基礎年金を受け取れるというこの仕組みは「主婦年金」とも呼ばれ、これまで主婦優遇の制度と言われてきた。だが、パートの動きを見ていくと、この制度は「主婦優遇」というより、「主婦の貧困化」への誘導役だったと考える方が適切であることがわかってくる。

「扶養下」と認定される条件は年収が一三〇万円未満であることだが、その範囲内で働こうとするパート主婦が増え、パートの賃金を上げようとする動きを封じ込める作用を果たしたからだ。

パートの時給は最低賃金レベルだが、この賃金で週四〇時間、一年間働くと、年収はちょうど一三〇万円前後となる。このラインを超えてしまうと保険料を払わねばならないため、主婦たちに自主規制の動きが生まれた。これでは、賃上げを求める声はあがらず、主婦の経済的自立は難しくなる。やがて非正規が主流の働き方になり、シングルマザーなど世帯賃金が必要な女性までがパートで働くしかなくなったとき、「第三号」の賃下げ圧力は、こうした人々の貧困を促す結果も招いた。

夫が家族を養い、妻が家事をする→夫の稼ぎがあるから家事労働を本業とする女性の仕事は不安定で安い賃金の非正規でも構わない→不況になって会社も大変なので男性も非正規で雇うしかない、という流れの中で、女性の低賃金の前提となっていたはずの男性の安定雇用も掘り崩されていった。これによって、「夫がいるから安くていい」という水準で設定されたはずの経済的自立の難しい非正規の働き方が、急速に男性にも広がった。

「ワーキングプア」とは、週四〇時間の法定労働時間、めいっぱい働いても経済的自立が難しい「働く貧困者」を指す。「派遣切り」報道は、こうしたワーキングプアの男性の増加を人々に見せつけた。その根には、夫がいるから食べられない低賃金でもいいとされてきた女性たちの存在があった。ずっと以前から、多くの女性たちは、働いても経済的自立ができないことが当たり前とされてきた。「元祖ワーキングプア」とも言える女性たちの働き方について、まともに問題にすることを避けてきたことが、日本の貧困の増大を招いたとも言える。

ワーク・ライフ・バランスの壁

グローバル化で、男性の仕事とされた製造業は賃金の安い海外へ出て行き、アジア諸国の追い上げでシャープやパナソニックなど大手電機メーカーまでもが大規模なリストラを行う時代になった。このように、男性の雇用は不安定化し女性の稼ぎは重要性を増しているのに、家事を担う働き手を排除する日本の会社は相変わらず多い。そんな中で世帯賃金を稼げなくなった多くの男性と、家事・育児の担い手を嫌う会社の下で十分にカネを稼げない女性との組み合わせによる新しい貧困化が進む。

こうした状況に、疑問を感じている経営者がいないわけではない。IT会社「ウィルド」は、東京・仲御徒町駅近くのビルの一角にオフィスを構える会社だ。オフィスでは、大きな風船のようなボールに社員が腰かけ、机の上のパソコンに向かって作業している。「ボールの上にバランスよく腰かけようとすると、姿勢が自然によくなって、長時間座り続けることも防げるので、体にいいんです」と、三七歳になる大越賢治社長は笑った。大越さんは、残業が当たり前といわれるIT業界で、残業を減らし、女性も働きやすいワーク・ライフ・バランス(仕事と生活の調和)経営を目指してきた。別々の会社で働いていた若手技術者五人が集まり、「面白い仕事をしたい」と二〇〇六年に会社をつくった。ワーク・ライフ・バランスを重視するのは創造的な仕事には健康的に楽しく働ける環境が不可欠と考えたからだ。ボールに座っての作業も、そんな試みのひとつだ。

社員は一〇人。うち四人は女性で、一人は幼い子どもを持ち、もう一人は育児休業をとっていて近く復帰予定だ。子育て中の女性社員には、在宅ワークも認めている。そんな会社を目指したきっかけが、同業だった妻の退職だった。

大学で二年後輩だった妻は、一〇年ほど前、難関を突破して大手電機メーカーの正社員のIT営業担当者として働き始めた。入社一年半で結婚し、妊娠した。

妊娠五カ月の体でも、朝九時から午前二時まで仕事があった。先輩たちは、「妊娠しているんだから、二時になったら帰っていいよ」と言った。妊娠しているのに午前二時、とは驚くが、一応は気を遣ってくれたのだった。

会社の経営が悪かった時期だったことも影響したかもしれないが、深夜帰宅でもタクシー代は出ず、残業代も出なかったという。これでは身体が危ないと、妻は働き続けることをあきらめ、退職した。大手企業の正社員は恵まれていると思い込んでいる周囲は、「せっかく大手企業に正社員で入ったのにすぐやめてしまうなんて」と非難めいた言葉を投げつけた。だが、子どもと母体の健康には代えられなかった。

ＩＴ業界は、夜八時から平気でミーティングを行うことが珍しくない。「そういうものだ」ということになっていて、やり方を変えてみようとだれも思わない。だが、数年前、たまたまワーク・ライフ・バランスの講習会に出かけ、その考え方に共感した大越さんは、会社の働き方を変えようと考え始めた。

そんな大越さんを阻んだのは、顧客企業の長時間労働体質だ。ＩＴ業界は、コンピューターのシステム開発の一連の作業のうち、人手が必要な時期と、そうでない時期の落差が激しい。このため、必要な人手が膨らむ段階だけ、いくつもの中小企業から技術者を調達してくる方式が必要になる。システム開発を請け負う大手には下請けのための子会社があるが、この一次下請けが、二次、三次、四次、といくつもの下請けを介して人を集める多重構造が必要になる。そこでは多様な会社から集めてくる人々が効率的に共同作業をするため、発注会社の標準に合わせることができる働き手が求められる。その「標準」となる条件のひとつが、なんと、「週五〇時間〜六〇時間残業ができること」なのだ。

「ウチの女性技術者は、短い労働時間でもパフォーマンスを上げられる優秀な人材」と売り込んでも、「残業ができないと発注会社の「標準」に合わず、嫌われる」と、人集めの企業から断られる。加えて最近ではセキュリティーが厳しくなり、情報漏れがないよう、発注企業の社内で作業をすることも求められるようになった。在宅ワークで十分できる仕事なのに、こうした条件が壁になって、子育て女性は外されがちになる。技術的には在宅でもセキュリティーを保つことは可能だが、発注企業はそこまで配慮してくれない。そんな中で子持ちの女性社員の仕事が減り、その結果、女性の採用を渋るIT会社が増える。

一方で、発注側の大手企業は、二〇〇七年に政府と労組、使用者の三者が「ワーク・ライフ・バランス憲章に署名する」ブームの中で、自社の女性正社員だけは早く帰らせていたりする。そうした企業のひとつがワーク・ライフ・バランス企業として表彰を受けたりしているのを見て、大越さんは複雑な気持ちになることもある。そうした煩わしさを避けるため、大越さんは、業務委託の仕事ではなく、直接、自社に発注されるシステム開発だけ受ける方向に切り替えた。発注企業との間に何重にも会社が入ると、発注者と話し合いながら工夫を生かせる仕事もできなくなり、言われたことをやるだけの部分的な仕事になりがちなことに、疑問もあった。また、発注企業は、面倒の少ないベテラン技術者だけを求めるため、新人を育てる機会がなくなってしまうことも問題と感じていたからだ。目先の利益は多少減っても、納得のいく仕事をすることが長い目で見て利益につながると、いまは自分に言い聞かせている。

働き手に見合った働かせ方が工夫できれば、子育て社員なりの知恵が会社にプラスに働くことは少なくない。大越さんのように、こうした効用に気づく経営者は、実はあちこちで生まれている。これは明るい変化への兆しだ。だが、「子どもを抱えた社員＝面倒な働き手」のイメージの下で働く母親社員の切り捨て競争が繰り返されるこの社会で、この兆しを大きく育てていくには、やはり、仕事と家事労働の両立を原則にした一日の労働時間の規制など、すべての企業を含めた社会的規制の後押しが必要だ。大越さんの体験は、これを示している。

そして、貧困の連鎖へ

二〇一三年二月。会社帰りの男女で込み始めたお茶ノ水のカフェで、派遣社員の宇山さんの話は、なおも続いていた。

「私も五〇代だから。何年勤めても横ばいの賃金で、老後の年金はどうなるのか。いまはその不安でいっぱいなの。派遣社員には退職金もないし」

思いあまって、本社の役員に栄転した前の上司に相談したことがある。彼女の仕事ぶりを評価してくれていた彼は、「多少は役に立つかもしれない」と、推薦状を書いてくれた。「正社員と全く同じ仕事をこなし、業績もすぐれているので正社員転換を」という内容だった。しかし、後任の上司は、こう言い放った。「派遣の老後がどうなろうがおれの知ったことか。そもそも派遣は労働の調整弁だろう」

正規雇用が原則だった時代なら、子どもの世代が正社員になる可能性も高く、老後の支援も期待できた。だが、非正社員が働き手の三人に一人となったいまは、それもおぼつかない。労働政策研究・研修機構の調査では、一九九二年に男性九割台、女性八割台だった二〇〜二四歳層の高卒の正社員比率は二〇〇七年時点で、女性で三四・八％、男性で五七・七％に落ち込み、男女とも七割台をキープした大卒との格差は広がっている。かつては高卒にも保障されていた無期雇用が、いまではほとんど有期雇用に変わってしまったからだ。

貧困の連鎖を避けようと、宇山さんの二人の子のうち上の子は奨学金を借り、なんとか大学は卒業した。だが、返済すべき奨学金の額は数百万円に上り、契約社員として就職した息子は、その返済に苦しんでいる。日本では公的奨学金は返済型ばかりで、しかも、多くが利子付きだ。下の子は軽い障害があり、宇山さんの収入で同居している。

25～44歳フルタイム労働者の男女賃金ギャップの対男性賃金比率(中央値ベース)

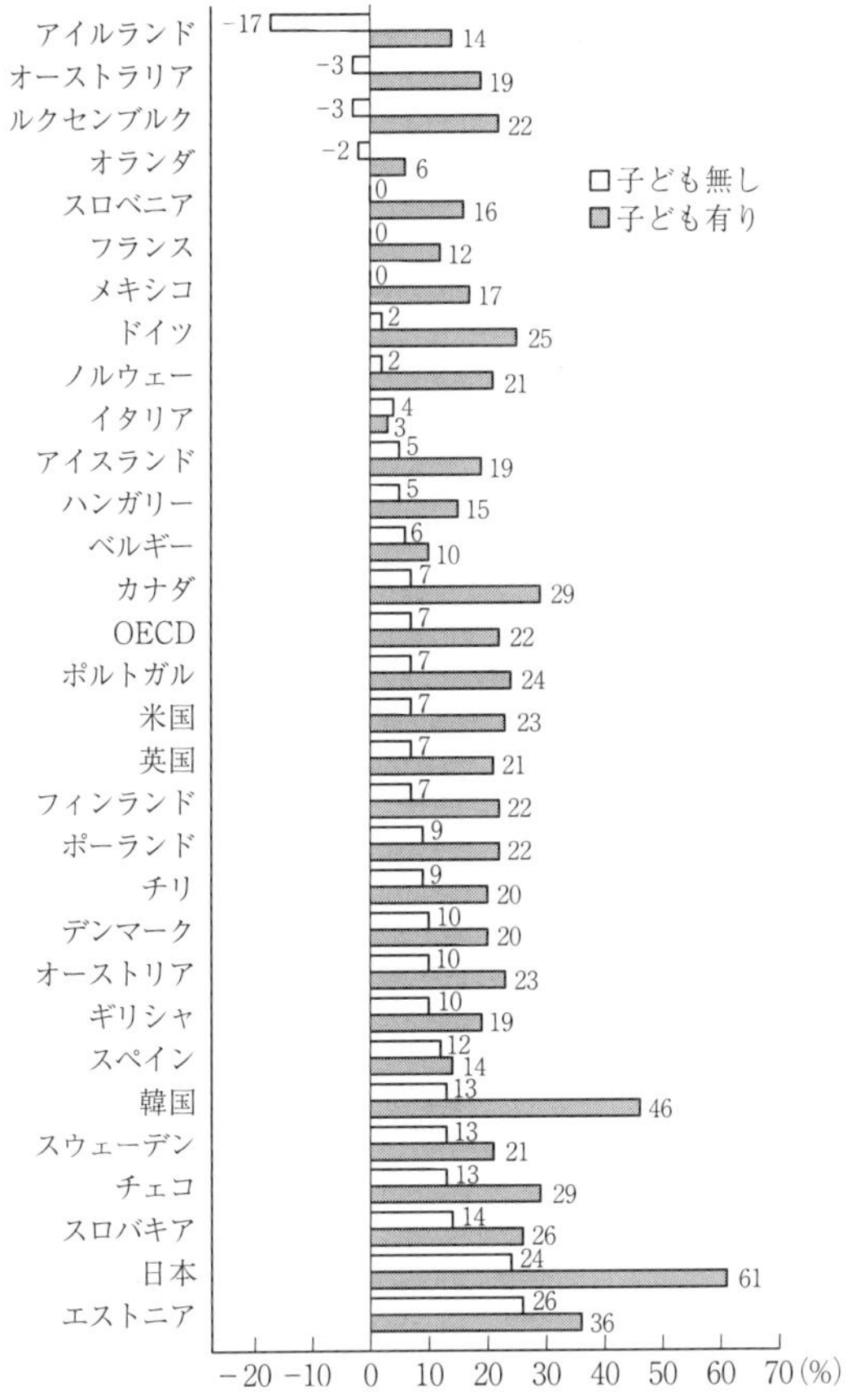

(注)2007～10年の諸資料にもとづくOECD事務局推計．子どもの定義は16歳未満．日本は08年値(テレビ報道)．国の並びは子ども無しの男女賃金ギャップの低い順．
(資料)OECD(2012), Closing the Gender Gap: Act Now−図13.3「OECD諸国を通じて母親であることは高くつく」

図表1-4　子どもの有無による男女賃金格差の違い(国際比較)

二〇一一年、国立社会保障・人口問題研究所は、勤労世代(二〇~六四歳)の単身で暮らす女性の三二%、六五歳以上では五二%、一九歳以下の子どもがいる母子世帯では五七%が、相対的貧困率の高い「貧困」水準にあることを明らかにした。「女性=家事や育児を担う者」というレッテルの下で働き盛りの時期に低賃金に据え置かれ、何らかの理由で男性の扶養を受ける立場にもならなかった人たちだ。この調査を報じた同年一二月九日付『朝日新聞』の記事では、貧困者全体の五七%が女性で、一九九五年の集計より男女格差は広がったと指摘している。この記事は、二〇三〇年には生涯未婚で過ごす女性が五人に一人という予測も引用して、女性の経済的自立が難しい仕組みに警鐘を鳴らした。

二〇一二年一二月一七日、経済協力開発機構(OECD)は、子育てしながら働く女性と男性の給与の格差が日本は先進国中最悪とする報告書を発表した。二〇〇八年を中心に先進国の二五歳から四四歳のフルタイムの母親の給与を調べたところ、日本は同世代の男性の三九%で、欧米各国や韓国を含む三〇カ国の中で最も差が大きく、各国平均の二二%を大きく下回っていたという(図表1-4)。報告書にふれた大手紙の記事には、次のような見出しがつけられていた。

「日本は働く母親冷遇」

第2章

「専業主婦回帰」の罠

「保活デモ」の広がり

第1章では、女性の低賃金の背景に、育児などの家庭内労働、つまり、家事労働の担い手を賃労働の世界から排除しようとする仕組みが根強く横たわっていること、これが若者や男性にも波及し、社会全体の貧困を招いたことを追ってきた。だが、問題は企業だけにあるのではない。病児保育など、働きながら家事労働を担う働き手を支える仕組みがもっと会社の外に整っていれば、こうした働き手の家事負担は減り、会社は家事労働を抱える働き手を採用しやすくなるだろう。また、労働時間を規制する仕組みがもっとしっかりしていれば、何時間でも働いて業績を上げるいまのやり方から一定の時間内での業績を上げることが求められる「よい競争」へと職場が変化する。そうなれば、保育所も残業が当然の働き手のために長時間開所する必要がなくなり、これらの施設にかかる財政負担も軽くなるはずだ。私たちの社会はいま、すべてがこの逆に回転し、それが、家事を担う働き手の排除につながっている。

二〇一三年の「保活デモ」は、そうした会社の外の制度の不備と、それが働けるのに働けない人々を生み出している状況とを浮き彫りにした。

この年の二月、東京・杉並区役所のロビーは、朝からベビーカーを押した数十人の母親たちで埋まった。認可保育所がいっぱいで、区内で入所を希望する子どもたちの三分の二が入れていない。これはおかしいと、区への異議申し立てを行うためにやってきた母親たちだった。その一人、曽山恵理子さんがママ仲間で「保育園ふやし隊@杉並」を立ち上げたのは、二〇一三年一月だった。

三七歳になる曽山さんは、大手学習塾、ＩＴスクールの営業、ＩＴ企業のシステムエンジニアと転職を重ねながら働き続け、二〇〇四年三月に出産した。夫はフリーのアートディレクターで、収入の変動が大きい。自営業だから、いきなり仕事を打ち切られても、次の仕事がみつかるまでのつなぎ資金としての失業手当もない。仕事に必要な資材もすべて自己負担だ。夫の仕事に必要な機材の維持費、家賃などを払うためには、月四〇万円は収入がないとやっていけない。勤め人の曽山さんが仕事をやめれば、その分の安定収入がなくなる。出産退職などあり得ない状況だった。

子どもは三月生まれだったため、生まれたときは四月からの入所のための手続きはすでに終わっていた。地方出身で実家の親の手助けも得られず、保育ママに頼って働き続けた。そんな実績が評価されたか、保育所不足の中でも、なんとか翌年四月に地域の認可保育所に受け入れてもらうことができた。ここで保育所の父母会の役員を引き受けたことがきっかけとなり、インターネット上の交流会サイトで、杉並区の保育所について親同士が意見交換する場を立ち上げた。

ここに相次いだのが「保育所に入れない」という親たちの嘆きの声だった。毎年、毎年、同じ悩みが、新しく交流会サイトに入ってくる親たちから寄せられる。こんなにたくさんの人たちが保育所に入れないために苦しんでいるのかと、目を開かれる思いだった。この交流会サイトで知った市民団体「保育園を考える親の会」の親たちへの相談会にも加わった。悩む親たちの姿が、ネット上ではなく、生の形で、曽山さんに迫ってきた。

何度かの転職体験で、母親になったとたんに働き手としての「相場」がぐんと下がることを思い知らされてもいた。子どもを持つ女性は、なぜこんなに生きづらいのか。そんな思いが積み上がっていった二〇一一年一一月、二人目の出産を迎えた曽山さんは、一人目の出産時以上に、保育所不足の苦しさを突きつけられることになった。

「一人目のときには仕事を続けることに懸命だったが、育児に慣れた二人目は子どもとゆっくり向きあってみたい」と一年の育児休業を取った。妊娠中から保育所探しを始め、育休明けが近付いたころに申し込みをしておいた保育所の空き状況を確認した。ところが、認可保育所はもちろん、認可外保育所ですら、どこもいっぱいと言われた。調べてみると、入所希望者の三分の二もの子どもたちが入れていないことがわかった。区からは「定員を超えたため」というたそっけない通知が一本、送りつけられてきただけだった。杉並区は待機児童数は少ないはず。いくらなんでもこれはおかしいのではないか。そんな思いを母親仲間と話し合ううちに、行政の措置に不服があったときは行政不服審査法にもとづいて「異議申し立て」という行為ができることを知った。

これをやってみよう、と盛り上がった。子どもを寝かせた後の時間、深夜まで大量のメールのやりとりを重ねた。曽山さんが代表になり、一次選考での入所もれが発表される二月一五日をめがけて、一八日、一九日の集会と区役所前での抗議を行い、さらに二二日、異議申し立てを行うことが決まった。

一九日、雪の中で子連れ抗議が行われた。二二日に区役所ロビーに集まった曽山さんたちは、何人もの見知らぬ母たちに遠巻きに取り巻かれた。中には涙ぐんでいる母もいた。入所もれを事前に知らされ、困り果てて区役所に相談にやってきた母たちだった。

六〇人分の署名が、その日の昼、同区の担当部長に手渡され、区は、二次選考の受け入れ人数を四〇人から一〇〇人に増やす緊急対策を発表した。

同区の発表してきた待機児童数は、二〇一二年四月一日時点で五二人だった。他の区と比べて特に多いわけではない。理由は、区が発表した数が、認可外保育所にさえ入れなかった子どもたちの数だったからだ。区はここ数年、低予算でできる認可の基準に満たない認可外保育所の増設で保育所不足に対応してきた。だが、認可保育所に限れば、二〇一三年度の申込者二九六八人に対し、入所できるのは一一三五人と、一八〇〇人以上の不足となる。『東京新聞』(二月二二日付夕刊)は、「(杉並区の)待機児童の定義を知らずに、「他の自治体より少ないから」と転入してみて実情を知った」保護者もいる、と報じている。

認可外保育所もあるのだからそちらへ入ればいいではないかと言われる。だが、母親たちにとってみれば、働いている間、子どもがきちんとした保育を受けているかは大きな懸念だ。発達の基礎ができる年ごろに、交通事故の心配がない園庭でのびのび運動でき、手作りの給食施設が調っている認可保育所に通わせたいと願う母親たちは、妊娠中から必死でいくつもの保育所を回る。それでも、「いつ入れるかわかりません」という答えが返ってくるばかりだ。出産した後も保育所は決まらず、生まれてきた子どもとゆったり向き合う期間であるはずの育児休業中に、保育所回りに追われる。何十、何百という会社を回る学生の「就活」の過酷さが問題になっているが、これに匹敵する過酷な「保活」が、繰り広げられている。

曽山さんらの動きは「保活デモ」としてマスメディアに大きく取り上げられ、同様の動きは、足立区、渋谷区、埼玉県などにまで広がった。

現実抑え込む「べき」と「はず」

二〇一三年三月、曽山さんらが開いた三度目の集会をのぞきに、東京・阿佐谷の地域区民センターに出かけた。報道の大きさに刺激されたのか、会場には共産、社民、民主、公明、自民と各党の区議会議員がずらりと並んだ。各議員からのあいさつは、問題の原因をめぐる責任追及のぶつけ合いの様相となった。

共産党などの野党は、一九九九年から二〇一〇年まで三期を務めた山田宏・前区長が、「認証保育所」などの民営に依存し続けたためだと批判した。認証保育所は、地価が高くて用地買収が難しい都内の保育所増設のため、民間に行政が補助金を出し、認可保育所より緩い設置基準で設置される保育所だ。山田は「官から民へ」を掲げて民営化路線を推し進めたが、その結果、認可保育所の新設は二園だけとなり、認可保育所を求める親たちのニーズとの乖離が生まれたと、野党議員たちは主張した。一方、与党の自民・公明両党は、需要の急増に短期で対応するために増設が簡単な認証保育所を作るしかなかったと防戦に回った。

いずれの側に立つにせよ、この議論の根にあるのは、日本の幼児教育への公的支出の低さだ。

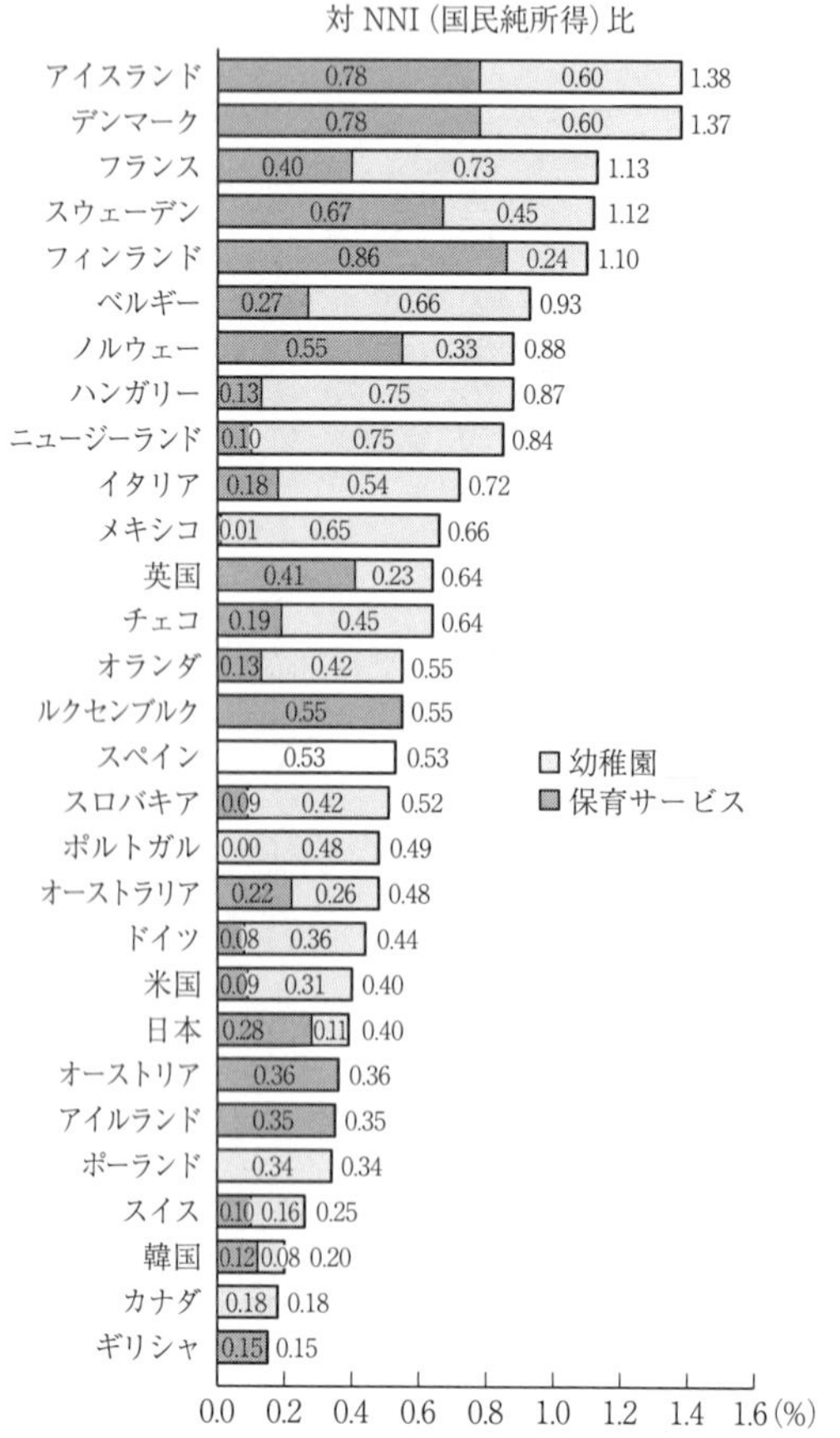

(注)OECD Family database (www.oecd.org/els/social/family/database) による．公的支出は，現金支出，現物支出(公立保育所・幼稚園)，税控除を含む．ルクセンブルク，オーストリア，アイルランド，ギリシャは幼稚園データ不詳，カナダは保育サービスのデータ不詳．スペインは幼稚園・保育サービスを合わせた数値．

(資料)OECD, Society at a Glance 2009

図表 2-1　保育・幼児教育への公的支出の国際比較(2005 年)

有隣堂 御買上票

伊勢佐木町本店 TEL:045-261-1231

ハリー・ポッターの最新刊が
今秋発売予定です。
～７巻から１９年後の物語～
有隣堂各店にて予約受付中！

2016年 5月 7日（土）11時42分
店:513870 POS:0005
担当者No: 000000137社員１３７

01300 書籍（１３００） 内
9784004314493 ¥864

小計 ￥８６４
（うち消費税等 ¥64）
お買上点数 １点

合計 ¥864
図書 カード ¥864
お釣り ¥0

贈りものに
全国共通図書・ＱＵＯカードを
おすすめいたします
無料のギフト包装も承ります

5350

二〇〇五年時点のOECDの調査では、国民純所得に対する保育サービスの費用は〇・二八%、幼稚園では〇・一一%、総計で〇・四〇%と二九カ国中二二位(図表2-1)にとどまり、家庭の支出に依存していることがわかる。OECD基準による家族分野への社会的支出も、対GDP比で、スウェーデン三・五四%、フランス三・〇二%、イギリス二・九三%に比べ、日本は、〇・七五%と、ほぼ米国並みの低さだ。

背景には、「子育ては女性が家庭で行うべきもの」とする世間の根強い声がある。女性の低賃金の底にあった「男性が妻子を養うから女性の賃金は安くてもいいはず」という暗黙の前提が、ここでは「男性が妻子を養うから女性は家庭で子育てに専念していればいいはず」という形を取った。

すでに述べたように、グローバル化と産業構造の転換による男性雇用の不安定化で、「男性が養うから」が通用しない家庭は増えている。男性の安定雇用を前提にしてきた住宅ローンや子どもたちの教育費を補填するため、女性たちの収入は、もはや「お小遣い」ではなくなった。そんな女性たちが保育所に殺到し、都市部の待機児童数は膨れ上がった。

二〇〇九年に取材した神奈川県の三九歳の女性は一九九〇年代、大手自動車メーカーの管理職男性正社員との結婚を機に仕事をやめ、専業主婦になった。仕事はきつかったし、大手企業の管理職なら生活は保障されていると思ったからだ。ところが、子どもが生まれた二〇〇二年前後、不況で夫の収入は大きく減った。自身も仕事を探したが、家事・育児があって残業が難しいと言うと、正社員の口はみな断られた。契約社員の働き口をようやくみつけ、子どもを保育所に預けて家計を支えた。その後、やや回復した夫の賃金は、またしても、二〇〇八年のリーマン・ショック後の輸出の急減で、三割近くカットされ、女性も契約打ち切りを通告された。保育料も住宅ローンも払えなくなった。家を売って、その代金で住宅ローンの残りを返し、あまりで郊外の安い家を買って、そちらに移る方法を検討中だが、思い通りの価格で売れなければ、ローンも返せず住む場所も失うことになると言う。「夫が大手の正社員なら安心と、自分は正社員の仕事をやめてしまったのが大きな間違いだった」と女性は悔やむ。

だが、こうした現実を直視する声が盛り上がるたびに、「子どもは母親がみるべきだ」との「べき」論が迎え撃ち、女性と子どもへの公的支援を阻む。

杉並の「保活デモ」も、すかさず、「べき」「はず」が迎え撃った。雪の中の保活デモの二日後の二一日付で、田中ゆうたろう・杉並区議は自身のブログで、「一抹の忸怩なき待機親に一抹の疑義あり」と題した保活デモ批判を展開した(http://blog.tanakayutaro.net/)。ブログで「三七歳」「独身」と自己紹介する田中区議は、子どもは「基本的には親が家で育てるもの」であり、保育園への入所を待っているのは子どもではなく親であると主張。だから「待機児」ではなく「待機親」とすべきだと述べる。さらに、「(保育園をつくらないというのは)「子供を持つなということか」などとまで開き直る待機親があるとすれば、私はそういう親にひとつ問いたい、「ならば最初から社会でお宅の子供の面倒を見ろということか」」とし、次のように続ける。

「私は、今のこの不況を本質的に打破するためにも、女性力を思い切って爆発させることは必要だと考えている。仕事と子育てを真に両立できる社会を創らねばならないと強く願っている。だがそれゆえにこそ、「子育ては本来は家庭で行うもの」という基本中の基本を忘れるべきではないと痛感する。一抹の遠慮も忸怩の念もなく、声高に居丈高に「子供を持つなということか」「現状のおかしさに気付いて」などと世を恨むかのような態度は、それこそどこかおかしい、どこか的を外している。「お願いです。私達の子育てをどうか手伝って下さい」、これが待機親に求められる人としてのマナー、エチケットというものではなかろうか」

どの国でも、保育の仕組みは女性が外へ出ていくための必須条件であり、前提条件だ。田中区議は、これを「育児は社会が基本か、家庭が基本か」という論点にすりかえる。さらに、そのために税金を回してほしいという納税者としての要求を、「お願い」に変えるよう求める。ブログに掲載された略歴を見ると、田中区議は、「国と伝統を守る」ことを掲げる全国的な保守系団体「日本会議」の杉並支部常任幹事であり、高橋史朗・明星大学教授が推進する「親学」に共鳴しているとされている。

親学は、伝統的価値観にもとづく家庭教育への回帰のためには親の教育が必要として二〇〇六年、高橋教授らが「親学推進協会」を発足させ、安倍首相が会長を務めていたこともある。二〇一二年には、発達障害は親の育て方に問題があり伝統的子育てをすれば予防できるとの親学の主張にもとづいた大阪市の「家庭教育支援条例」案が提出されたが、障害者支援団体などから「親への責任転嫁」「実態を知らない非科学的な言説」と批判が殺到し、撤回に追い込まれている。現実の家庭が抱える問題の解決より「子どもは(女性が)家庭でみるべき」「みられるはず」に熱心な人々が、日本社会の根幹に根を張っていることをうかがわせるエピソードだ。

だが、少子化と男性雇用の不安定化の中で、もはや女性に外に出るなと公言できる状態ではなくなったことは、田中区議も認めている。だからこそ、女性が外で働くことへの批判は避け、保活デモの「マナー」や「エチケット」を槍玉にあげることになる。

こうしてみると、杉並区をはじめ、各自治体で進められてきた「保育の民営化路線」は、「子育ては女性が家庭内で行うもの(だから税金に頼るな)」という主張と、女性が働かなければ家族が追い込まれるという現実の両方を折り合わせなければならない政策担当者の苦心の策とも見えてくる。

社会的合意がない子育て支援

財政難は事実だ。だが、乏しい中でもどこに税を回すのかという社会的合意があれば、それなりの資金を出すことはできる。公共工事に大量の公的資金を注ぎ込んだアベノミクスはその一例だ。だが、社会が子育てを支援することが必要になった現状に向き合うことを避けがちないまの日本では、保育は社会的合意がいらない民間への依存に向かうしかない。だが、企業はお金にならない部分はできる限り避け、利益を確保せざるを得ない存在だ。民営化をめぐって保育の劣悪化への不安が絶えないのは、そのためだ。

一九八〇年代、女性の社会進出と核家族化の中で、都市部では乳幼児を宿泊させる「ベビーホテル」と呼ばれる認可外保育所が広がり、その悲惨な実態が問題になった。後に千葉県知事になった堂元暁子は当時ＴＢＳに勤務し、この問題の告発で新聞協会賞などを受賞した。ライフスタイルの変化に行政が追い付けないそのすきまに、ベビーホテルは乱立した。

二〇〇〇年には宿泊託児所「スマイルマム大和ルーム」での相次ぐ幼児虐待事件が発覚して女性園長が逮捕されたが、これも、背景にはニーズの変化と行政の支援策の乖離がある。『死を招いた保育』（ひとなる書房、二〇一一年）で、保育ジャーナリストの猪熊弘子は、福祉削減と働く女性の増加の狭間で保育士の人件費の節減が進み、十分に目が届かずに乳幼児の死亡事故が目立っている現状を指摘している。多くが、認可保育所を希望しても入れず、親が劣悪な認可外でも預けて働かざるを得なかった家庭の子どもたちだという。最近では、配置基準や面積基準など、保育所の最低基準を自治体ごとに引き下げることが可能になり、認可保育所でも「内なる民営化」が進んでいると猪熊は指摘している。

田中区議のブログは、保育所不足に直面する親たちなどから批判が相次いで「炎上」し、同年の『婦人公論』五月号で、同区議と曽山さんの対談が企画された。「小さいうちは子どもを手元で育てた方がいい、という田中さんのご主張はよくわかりますし、そうできたらいいなと私も思います。子育て支援の充実には反対でないことがわかって、話してみてよかった」と曽山さんは言う。「ただ、小さいうちに子どもを手元で育てるためには、極端な言い方になるかもしれませんが、育休を取らせなかった企業に厳罰を課すとか、子育て期間中に二〇万〜三〇万円程度の給付を出すとか、かなり大胆で具体的な措置がないと難しい。そうでなければ、ひとり親や、夫が低所得の家庭の母はやっていけないと思うんですが」とも疑問を投げかける。

女性たちの収入は、多くの家計にとって不可欠な存在になりつつある。だが、その変化に見合った仕組みづくりは容易に進まない。こうしたギャップは、夫が低所得なのに外で働けない女性たちをも生んでいる。

「貧困主婦」の発見

二〇一二年八月、労働政策研究・研修機構の周燕飛・副主任研究員は、「専業主婦世帯の二極化と貧困問題」をまとめ、「貧困ながらも専業主婦でいる子育て女性」が全国で五五万六〇〇〇人にのぼると推計した。同機構が実施した「子育て世帯全国調査二〇一一」のデータを分析したもので、これまで夫が高収入で、家庭で家事に専念できることが条件とされていた専業主婦世帯の中に、貧困ライン以下の家庭が一二・四%あったという。「貧困主婦」の発見である。

家計が苦しいほど、共働きして楽になろうとするのは、経済的には合理的な選択だろう。夫の扶養下にあるために保険料を免除される第三号被保険者は図表2-2のように、年収九〇〇万円超の世帯で七割を超えるなど、圧倒的に夫が高収入の世帯に多い。専業主婦はやはり高収入世帯のもの、ということだろうか。ただ、夫の収入が三〇〇万円以下の世帯に目を移すと、ここでも、三一・七%が第三号のいる家庭となっている。

周研究員は、「貧困主婦」の多くは、「本人の市場賃金が低く、家事・育児活動の市場価値が

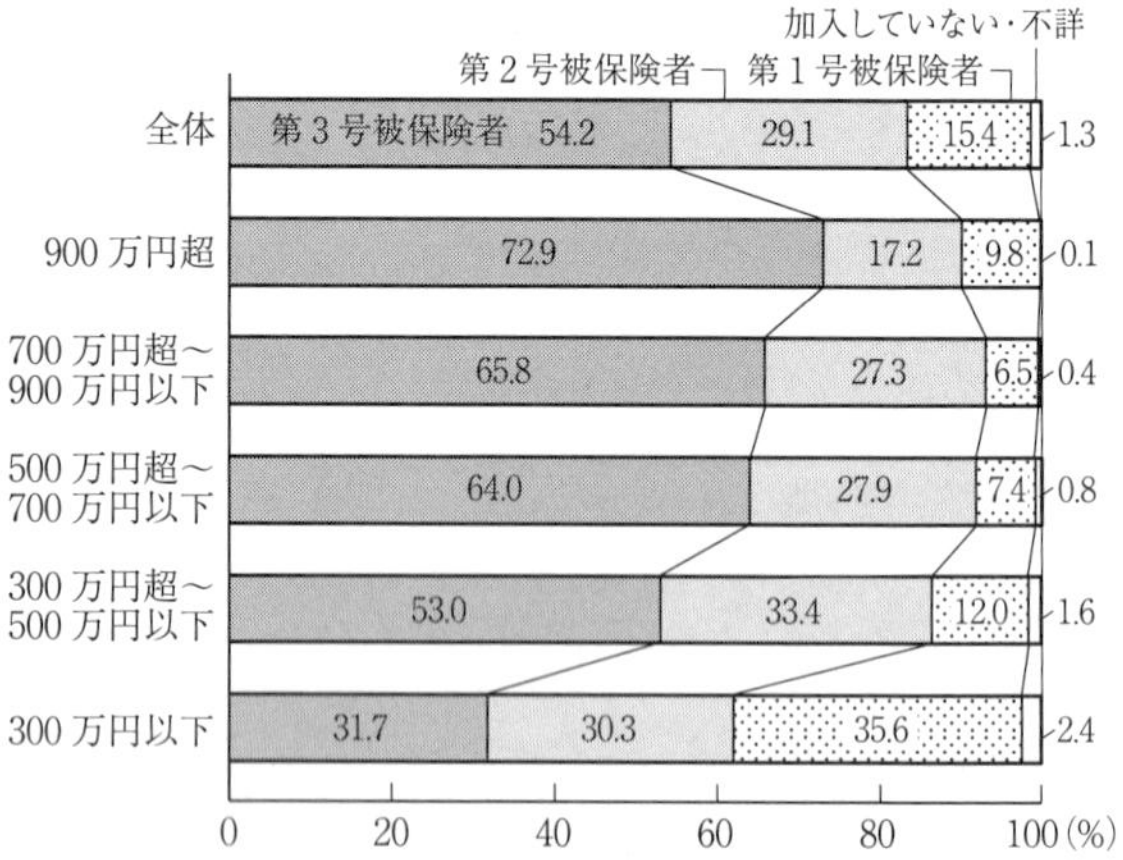

（注 1）厚生労働省「国民生活基礎調査」（2010 年）より作成．男女共同参画会議基本問題・影響調査専門調査会女性と経済ワーキング・グループ（安部由起子委員）による特別集計．

（注 2）夫婦関係であることをデータから確認できた場合を集計．妻の年齢は 20～54 歳．「全体」は夫の稼働所得（年収）が不明の場合を含む．

図表 2-2　夫の年収別妻の年金加入状況

相対的に高いことに起因する合理的選択の結果」、自発的に専業主婦にとどまっていると分析している。つまり、学歴やスキルの低さ、雇用が非正社員しかなかったなどの理由で、働きに出ても稼げる賃金が低く、一方、家庭内で行う家事や育児の水準は高いため、同じサービスを家庭の外で買うことを考えたら家庭内で家事労働をしている方が家計にプラスという判断が生まれるということだ。こうした世帯では、衣食に困っている例は少ない。賃金抑制が続いて社会の購買力が上がらない「デフレ」

図表2-3　貧困層の専業主婦世帯の妻が働いていない主な理由

子どもの保育の手だてがない	51.9%
（うち、乳幼児のいる世帯に限定した場合）	75.0%
時間について条件の合う仕事がない	30.8%
家庭内の問題を抱えている	9.6%
収入について条件の合う仕事がない	7.7%
自分の年齢に合う仕事がない	7.7%
家族の介護をしなければならない	5.8%

（注）複数回答（主なもの2つまで）である.
（資料）周燕飛「専業主婦世帯の二極化と貧困問題」（2012年）

状態が生まれ、そこへグローバル化でアジア諸国などから安い衣料品や食品が流れ込んで、物価が抑えられてきたことも、こうした家庭を支えてきた。問題は、塾通いなどの子どもの教育費では、豊かな専業主婦世帯と比べて苦しさが目立つことで、教育格差がここから始まる兆しが見えるとも指摘する。

一方、「今すぐ働きたいのに不本意ながら専業主婦でいる」人も五人に一人はいたという。こうした「不本意な貧困主婦」は、なぜ働けないのか。調査結果では、図表2-3のように「子どもの保育の手だてがない」が五割を超え、うち、乳幼児のいる世帯では、七五・〇％にものぼる。それに次ぐ理由が「時間について条件の合う仕事がない」だ。長時間労働社会の中で、子育てしながら働ける時間帯の仕事の少なさが、貧困を招いていることがうかがえる。

これまで保育所に申し込んだことがあるかどうかについて聞いた調査では、「保育の手だてがないから就業しない」と答えた人のうち、申し込んだことがあると答えた人は半数にとどまり、子どもが待機児童となった人は一人だけだった。保育所不足でどうせダメ、という気持ちもあるだろうが、これらの母親にとって保育所は、あまりにも遠い存在なのかもしれない。

貧困主婦の多くは、家事・育児を抱えていて労働時間に制約があるためパートを希望する。だが、パートの賃金水準は、第1章で述べたような、夫の扶養を理由にしたおこづかい賃金だ。その結果、働いている間の家事を市場サービスで代替しようとすると、かえって家計がマイナスになりかねないため、専業主婦のままでいるという状況が見えてくる。

また、認可保育所は、働いている女性は利用しやすいが、まだ働いていない女性には敷居が高い。働こうとしても、仕事がないなら預かれないと後回しにされ、そのために働けず、そのために保育所に入所させられないという悪循環は、以前から主婦が就職するうえでの壁として指摘されている。

周研究員の調査では、待機児童が多い都市部で貧困専業主婦のリスクが高くなっているとも指摘されている。貧困からの脱出にとって、収入に応じた保育料で利用でき、保育の質が高く、身近に相談相手がいない地方出身の母親に育児の基礎知識を与えてくれる存在としての一定の基準を満たした公的な認可保育所が、いかに重要かがわかってくる調査だ。

意識改革の限界

女性の育児・家事支援の不足は、「貧困主婦」も生み出している。夫の雇用の不安定化、低賃金化の流れの中で、低所得なのに妻が働けない世帯が増加すれば、今後、社会全体の貧困の増加の原因ともなりかねない。にもかかわらず、こうしたカップルを可視化するのは、かなり難しい。自身を「貧困」と認めたがる人は、ほとんどいないからだ。

だが、「貧困主婦」の問題点に気づかされた目でこれまでの取材を振り返ると、一九九〇年代後半から、貧困リスクの高い「低所得の夫と専業主婦」のカップルが目立ち始めていることに思いあたった。

フリーという働き方の不安定さについて四〇代のフリーランサーの男性に取材したとき、「最近は景気が悪くて、廃業の瀬戸際にあるほど苦しい」と打ち明けられた。バブル崩壊後から年収は下がり続け、今は、経費を引いたらほとんど残らないという。家族の生活も考えるとこれからどうなるのかと思うと考えるのが怖い、と言うので、おつれあいは？と聞いてみたら、専業主婦だった。「小さな子どもが三人もいるのに、子育てで手一杯の妻が、どうやったら働けるのか」と彼は言う。「保育所は？」と聞くと、「働いてないと入所できないんでしょ」

と言った。

二〇〇〇年前後、当時の労働省の外郭団体で女性の就労にかかわる意見聴取会があった。その場で、主婦の就労支援こそが女性就労支援の重要課題ではないかと提案したことがある。主催者の幹部職員は、「ここは働く女性のことを扱う機関で、専業主婦までは手が届きません」と当惑顔になった。働く女性が、育児や家事に足を取られて専業主婦になる例は少なくないし、家計の事情や離婚で働く女性になる専業主婦も珍しくない。今日の働く女性は、明日の専業主婦。また、その逆もある。主婦の就労支援がようやく政策のテーマとして浮上してきたいま、行政も変わってはきた。だが、生身の一人の女性について「主婦」「働く女性」と線を引き、「働いていれば保育所、働いていなければダメ」とする発想はなお残り、女性の貧困からの脱出を阻んでいる。

「働く女性」への転換

一〇年ほど前、下町にある女性センターから主婦の勉強会の講師を頼まれた。ここで、出産退職でパートに再就職した女性、出産退職から正社員に再就職した女性、育休をとって正社員として働き続けた女性の三つの生涯賃金比較のグラフを見せると、子連れで参加していた一人が泣き出した。結婚前は教員をしていたが、夫の希望で出産退職した。「このグラフを見ていたら、仕事をやめなければよかったという思いがこみあげてきて」と言うのだった。

だが、彼女が泣いたのは、グラフのせいだけではなかったのではないか。「夫の稼ぎで豊かに暮らせる専業主婦」のイメージとは異なり、彼女は疲れた顔で、髪も手入れができていないように見えた。家計の状態までは聞けなかったが、仕事をやめろと言った夫の下で独りの子育てに疲れ、少しでも代わってもらえる人間関係や、育児サービスに払う金銭の余裕もない——。そんな追い詰められた気持ちが、グラフをきっかけに爆発したのではなかったろうか。

同じような状態から、家庭の外へ踏み出した女性もいる。「専業主婦」だった神奈川県の三浦純子さんは、一九九〇年代、地域の女性センターでの講座をきっかけに、「働く女性」に転換した。一九八〇年代に高校を卒業し、大手メーカーの一般職として働いていた三浦さんは、母も専業主婦で、根っからの専業主婦志向で生きてきた。「女性運動」というと、子どものころにテレビで見た「ピンクのヘルメットのウーマンリブ」のイメージしかなく、「カッコ悪い」と思っていたという。

そんな三浦さんが女性センターに出向いたのは、保育付きの講座があると知ったからだ。好きでなった専業主婦なのに、夫は「子どもができたからしっかり稼がなくては」と、残業を引き受け、不在がちになった。たった一人で家庭内の不慣れな子育てに追われる生活が息苦しくなり、このままでは危ないと思い始めた矢先だった。少しの間でも子どもを預けてほっとできればなんでもいい、と駆け込んだセンターで「なぜ女の子はピンクで、男の子はブルーなんでしょうか」と講師に聞かれ、「頭をハンマーで殴られた」ような気がした。言われてみれば、なぜ私は家庭で夫は会社なんだろうと思った。

そんな三浦さんに、センター職員は自分の産休中の講座の運営を任せてくれた。やってみたら面白かった。外で働きたいと会う人ごとに言っていると、昔の上司が「知人の会社で事務員を探している」と紹介してくれた。子どもは駅前の認可外保育所に入れた。会社が急成長のベンチャーだったこともあり、働きぶりを認められて正社員になった。正社員になったと同時に、子どもは認可保育所に入れた。「うちの中で家事をしても、だれもほめてくれない。外に行ったらゴミ箱を片付けただけでお礼を言われて、お金までもらえた。それがうれしかった」と三浦さんは当時を振り返る。家計が楽になり、夫は残業を断れるようになった。

安心して子どもをみてくれる場所と、適切な職業訓練の場、性別や子どもの有無で門前払いを食わせず、「やった仕事」で評価してくれる職場。その三つがあれば、「働く女性」への転換は意外と容易だ。夫一人の踏ん張りによる豊かさから、二人で働く豊かさへ転換した三浦さんの体験は、それを教えてくれる。

雇用失望社会

三浦さんのような女性は、いまも少なくない。二〇一二年、都内の保育付き母親講座で講師を引き受けたが、その感想文では、多くの参加者が「子どもを預かってもらいながら、自分の将来設計についてじっくり考える時間を持てたうれしさ」を書き連ねていた。

だが、ここ数年、違ったタイプの専業主婦像も目につくようになっている。外で働かないことを選択した貧困主婦のように、低所得でもなんでも、とにかく外で働きたくないという主婦たちだ。

二〇一〇年、東京都内で小さなリサイクルショップを開いた二〇代の男性は、年収は二〇〇万円程度。家族は専業主婦の妻と幼児一人だ。高校を卒業して上京し、さまざまな仕事を経験したが、重いものを持つ肉体労働が合わずに体調を崩した。若者の居場所づくりを兼ねて運営されている都内のリサイクルショップを知り、ここで働き始めた。妻も、専門学校を卒業後に会社に就職したが退職、同じ系列の店でバイトとして働いていて知り合った。二人は結婚し、今の店を立ち上げたが、妻は家で子育てに専念している。

親子三人で年収二〇〇万円では生活が苦しくないかと聞くと、「二〇〇万あれば十分。一体何にそんなに使うんですか?」と怪訝な顔をされた。自宅は古い商店街の二階を借り、食材は安売りのものを買う。衣料品も、安い輸入ものやフリーマーケットの商品で十分だし、一度買えば何年ももつ。店で売っている商品は、引っ越しでいらなくなった家具などを引き取って修理するだけなので仕入れの費用はかからない。カネがかからないサイクルができており、子どもが幼児であることも手伝って、特に外で稼ごうとは思わない。

多少まとまった資金が必要なのは、リサイクル品を引き取りに行くための中古トラックの維持費と、生命保険の保険料くらいだ。楽しみは、家族が顔を合わせて、日々、食卓を囲むこと。旅行もレジャーも特に必要ない。昔なら「清貧」と呼ばれそうな暮らしぶりだ。

将来の子どもの教育費はどうなるのか、と聞いてみた。「そのときはまた考えればいい」と二人はにっこり笑う。子どもを塾に行かせて、大学に上げて、などというライフスタイルそのものに意味がない、ということになるのだろうか。長引くデフレによる商品の価格下落と、若者や女性を中心に起きた非正規化と賃金の下落があいまって、カネに頼ることさえやめてしまった人々のもうひとつの世界が、パラレルワールドのように出現していることを思わせる光景だ。

評論家の荻上チキは、『僕らはいつまで「ダメ出し社会」を続けるのか』の中で、「若者の住宅離れ」や「若者の車離れ」という世間の言説に対し、「お金がないから、欲望のダウンサイジングを行っているだけ」とし、むしろ「カネの若者離れというべきだ」と的確に指摘している。非正規化などによって、働いてもカネが回ってこなくなった若者たちの間で、カネに依存しないサイクルを作ってしまえばいいという別の文化が生まれつつある。カネがかつてと同様に回ってくる上の世代とは全く別の、もうひとつの世界が、水面下で広がっている。専業主婦回帰というより、むしろ「カネ離れ文化」の男女が、伝統的専業主婦家庭の殻をかぶって暮らしている、という構図だ。

同時に感じたのは、この二人が「カネ離れ」に向かう過程で体験してきた「カネが入る仕事」の過酷化だ。夫は、上京後、コンビニのアルバイトや、知り合った友人の父の左官業の弟子入りなどで暮らしてきた。だが、細身で筋肉質とはいえない体質にこの仕事は向かず、体を壊している。妻も、家具づくりに夢を抱いて働き始めた工房で、薬剤アレルギーを発症して退職している。

専業主婦から働く女性へ転換した三浦さんの時代に比べ、職場は厳しさを増し、体を壊さないとカネを稼げないような労働条件は珍しいものではなくなった。貧困脱出へ向けて、女性が外で稼ごうとしても、福祉の削減政策の中で保育システムは不足し、利用するには多くのカネがかかる。職場の過酷さと、カネがかかる保育の二つの壁の間で、二人は静かに目を見かわし、ほほ笑み合いながら、黙々と「カネに依存しない別の世界」を築き上げていっているように見えた。雇用の世界への失望、「雇用離れ」が、そこにある。

働くのが怖い

二〇一〇年、国立社会保障・人口問題研究所が発表した二〇〇八年時点の調査で、「夫は外で働き、妻は主婦業に専念」に賛成する妻が前回調査より三・九ポイント増え、一九九三年の調査開始以来、初めて、増加に転じた。この調査の翌年にあたる二〇〇九年二月、都内で開かれた「働く女性の全国センター」の総会では、激論が繰り広げられた。参加したアーティストのいちむらみさこさんが、「働くのが怖い。働かないっていうのもあっていいんじゃないか」と発言したのである。これに対し、働き続けるために職場で闘ってきた世代の女性たちから、「私たちのがんばりを否定されたような気がする」と不快感を表明する声が巻き起こり、激論となった。

いちむらさんは、このとき三七歳。都内の公園にある路上生活の人たちのテント村で、共に暮らしてきた。東京芸術大学の大学院を卒業し、美術関係の非常勤講師を続けながら絵やオブジェの制作を続けてきた。だが、非常勤講師は教える時間分の賃金しか出ない。いくつもの大学の講義をかけもちし、講義の準備時間などを含めると実質的にはフルタイム以上に拘束されているのに、年収二〇〇万円程度はざらだ。都内の高い家賃を払うだけで、その大半が消える。制作にはまとまった時間が必要なのに、その時間がとれない。そんなとき、テント村で生活を始めた友人に出会った。家賃を払うためだけに労働に追われ続ける暮らしに疑問を持った男性だった。

いちむらさんはこの考えに共感した。問題は低賃金だけではなかった。周囲には職場で上司からセクハラに遭い精神のバランスを崩す女性、長時間労働でうつ状態になったり生理が止まったりする女性が後を絶たない。職場は女性への暴力でいっぱいだった。家賃のために、こんな働き方に耐えなければならないなんて。そんな思いが、テント村への移住の背中を押した。

テント暮らしの中で路上生活の人々とも出会い、カネに依存しない暮らしの技術を学んだ。衣服や生活用品は、まだ使えるものがあちこちに捨ててある。これを拾えば日々の生活費はほとんどかからない。買わなければならないものは、たまに開く美術展の収入などでまかなう。路上生活者に食料を提供するため、ＮＧＯや教会関係者が定期的に行う「炊き出し」に並ぶ列には、若い女性や年配女性もちらほら交じっていた。こうした女性たちを誘い、公園内の木陰で定期的に「お茶会」を開くようになった。

このお茶会で、私は二人の女性に出会った。その一人、団塊世代のセツコさんからは、家庭が貧しく、中学を出ると、工場のラインの仕事や飲食店で住み込みの仕事を続けていたと聞いた。景気の悪化で飲食店は賃金を払わなくなり、無報酬で働かされ続けたため逃げ出した。だが、低賃金だったため蓄えもなく、路上で暮らすようになったという。路上の女性は性的暴力の恐れもある。だから、駅の女性トイレで一夜を明かすなど、通行人の男性から隠れて寝る人も少なくないと教えてくれた。

もう一人のマイさんはセツコさんよりやや上の世代に見えた。親を失い、若いころから宗教関係の団体でやはり住み込みで働いていたが、この団体を出なければならない事情があり、以後、二〇年近く、路上で暮らしてきたという。マイさんは安全のため、横になって寝たことがない。「座ったままでも眠れるのよ」と少し自慢そうに言った。食べ物は炊き出しなどで調達し、ちょっとした隙間仕事で必要なカネを稼ぐ。多くの男性が収入源とする空き缶を集めて売る仕事は、筋力が必要なので難しい。「先着何名まで安売り」などというバーゲンの列に並んで場所取りをするなどの仕事情報が、路上仲間から回ってくることがあり、こうした仕事でしのいでいるという。

私が何年か前に夫と死別したことを打ち明けると、セツコさんは、「大丈夫、万一何かあっても路上においでよ。みんなやさしいよ」と励ましてくれた。風邪をひいていて「治らなくて困っている」と言ったら、マイさんが、炊き出しでもらったミカンを取り出してきた。「風邪にはミカンがいいのよ」と言う。その汁は冷たくて、熱っぽいのどに心地よかった。

二人に共通しているのは、「住み込み」という準ホームレス状態で働かざるを得ず、いったん職場を失うと同時に住まいを失い、路上に出るしかなかったことだ。その路上では男性以上に危険が多く、隠れて暮らす必要があるという証言も共通している。女性は「結婚」を介さなければ自前の住居を持ちにくい。ここから外れると、住み込みの形を取ることになり、これが路上生活の引き金となる。

『ビッグイシュー』という雑誌がある。路上生活者がこれを街頭で販売し、収益の一部を生活費にあてて通常の生活に戻る入り口にする試みだ。だが、編集部に聞くと、「女性の販売は原則としてお断りし、住居を手当てできたり、ホームレス仲間の支援があったりして安全が確認できた場合だけお願いしている」という。この雑誌を売っていると路上生活者とわかるため、危険が及ぶ恐れがあるからだ。暴力のリスクが、女性が自力で金銭を得ることを阻んでいることを示すエピソードだ。貧困問題の専門家、岩田正美・日本女子大学教授は「路上ホームレスには、自由な哲学を語るいとまなどまったくない。その日一日を生きていくので精一杯である。彼らは安全に寝る場所や水やトイレを探し、食べものの調達に奔走し、そして仕事の情報を求めて歩き回る」(『現代の貧困』ちくま新書、二〇〇七年)と書くが、女性はその中でも、特有の厳しさにさらされている。

いちむらさんも、何度かテントを出て、路上で泊まっている。路上生活者は、寝ていると通行人に段ボールの上から蹴られたり、最悪の場合、火をつけられたりすることさえある。「顔を出して寝ていれば人間と認識するのか、蹴られることは少ない」と男性の路上生活者に助言された。ところが女性は、顔をさらすと、女性とわかってしまい、むしろ危険だ。いちむらさん自身、「お姉ちゃん、いくら?」と、売春を求められ、驚いたことがある。

セツコさんやマイさんに話を聞かせてもらうだけでは申しわけない気がして、二〇〇九年九月、いちむらさんに頼んで、渋谷駅前で、一緒に「お泊まり」してもらった。近くの商店街にゴミとして出されている段ボールから、適当なものを選んで寝場所まで引きずっていき、これを組み立てた中で持参した寝袋にもぐった。路上に横になっていると、通行人の足音や話し声がやたら大きく響いて眠れない。段ボールの中は蒸し暑く息苦しいが、顔を出すのはこわい。

終電がなくなり、ようやく周囲が静かになってうとうとすると、深夜に二度ほど警備員が見回りにやってきて、「ここは寝るところじゃないですよ」と段ボールの上からたたく。「あちらもお仕事なので、黙って寝ていればいなくなる」と言われていたので、じっとしていた。ようやく朝が来た。

「働いても暴力、路上でも暴力」といちむらさんは言う。「男性並み」の長時間労働を求められるのに、家事や育児への支えは整わず、そんな働き方から逃れようと路上に出れば、そこにも暴力が待ち構える。だとしたら、家庭に戻る以外の道をイメージできない女性が増えるのも、ふしぎではない。それが「貧困専業主婦」や「専業主婦への回帰」を生んだ土壌ではないか。だが、そこでもひょっとすると、DVが待ち受けているかもしれない。本当に必要なのは、こうした現実を女性たちが共有し、これを乗り越える仕組みへ向けて知恵を絞ることなのだが、そのためのネットワークはまだ十分ではない。

二〇一二年一二月。少子化で労働力が足りないと叫ばれ、大手メーカーのリストラで、専業主婦の受け皿としての男性雇用が大きく揺らぎ、女性の経済力が一段と必要とされているこの時期、内閣府は、こんな新しい数字を発表した。「夫は外で働き、妻は家庭を守るべきだ」に賛成する二〇代女性は、二〇〇九年の前回調査を一五・九ポイント上回り調査開始以来最高の四三・七％。大震災による不安感で、伝統的役割に回帰する心理が若い層に増えたとの分析は、間違いではないだろう。だがこれは、二〇〇八年の妻たちへの調査での変化にも見られたように、家事を担う性の外へ出ることへのあきらめの表れとも読める。専業主婦に戻ろうというやさしい呼び声の罠に、家事労働ハラスメントに疲れた女性たちが引き寄せられようとしている。

第3章

法と政治が「労働を消す」とき

女性が外で働ける社会への転換には、女性たちが担ってきた家事労働を支える社会的な仕組みが不可欠だ。少子化の進展と男性雇用の不安定化も、その背中を押している。だが、保活デモの際にも垣間見えたように、私たちの社会には、そんな変化を抑え込む政治の力や法律が、あちこちに張りめぐらされている。家事労働を担う人々を職場から排除し、家事労働を見えないものにしていくこうした人為的な動きは、その標的となりがちな当の女性たちにも、意外に意識されていない。

「妻」から「母」になっただけで

女性を家庭内の無償の労働に張り付けようとする力は、法律によっても支えられてきた。何度も改正を求められながら果たせずにきた所得税法五六条は、そんなひとつだ。

二〇一二年一二月二五日、クリスマス商戦も終わった大阪・玉造駅周辺の商店街は、冷たい風にさらされていた。自営業の女性たちの生活実感を聞きたいとの依頼に応えて、駅から五分ほど歩いたところにある大阪商工団体連合会(大商連)の建物に、自営業の女性たちが集まってくれていた。その一室で、長廣優子さんが、悔しそうに言った。

「同じ人間が、同じに働いているのに、「妻」から「母」になったとたん仕事の評価が一二六万円も下がった。わけがわかりません」

年末の超繁忙期を縫って出かけてきたのは納得がいかない気持ちをだれかに聞いてほしかったから、と言う。

七一歳になる長廣さんと夫は、大阪府八尾市内でヘアー・アクセサリーの製造・卸会社を営んできた。だが、大阪経済の地盤沈下が進む中で経営が苦しくなり、三年前、銀行に融資を頼むと、今の経営内容では資金を貸せないと断られた。困り果て、夫が引退して息子が事業を引き継ぎ、「経営刷新」を掲げて融資を取り付けようという策にたどりついた。

だが、銀行は「経営者が変わっても事業内容は同じ」と、動かなかった。それどころか、夫が引退したことで、長廣さんに認められていた年八六万円の「専従者控除」が、五〇万円に下がってしまった。専従者控除とは、中小・零細企業で働く家族の報酬分が控除として認められたもので、事業主の妻には八六万円、妻以外の家族には五〇万円と決められている。その分は会社の経費として利益から引かれるため、払うべき税金の額が減って実質収入は増える。夫が社長だったとき長廣さんは「社長の妻」だったが、息子が社長になったために「社長の母」に変わり、専従者控除額が下がったのだ。このため経費は減り、税が増えてかえって経営は苦しくなった。「こんな仕組みになっているなんて知らなかった」と長廣さんは、今も腹立ちを抑えられない。

事業主との関係で報酬が決まる

背景にあるのが、所得税法五六条だ。この条項では、経営者と同一生計の配偶者やその他の親族が、その事業に従事して対価の支払いを受ける場合、この対価は必要経費に算入しないとされている。つまり、社員への賃金は会社の経費となるが、妻や家族は、いくら働いても報酬が経費にならない。

ルーツは明治民法にある。明治民法では家族は一家の長である男性戸主に従い、家庭内での労働力は戸主の財産の一部とされる。代わりに戸主は成員を扶養する義務を負う。一八八八年(明治二一年)に創設された所得税法では、第一条に「凡ソ人民ノ資産又ハ営業其他ヨリ生スル所得金高一箇年三〇〇円以上アル者ハ此税法ニ依テ所得税ヲ納ム可シ但同居ノ家族ニ属スルモノハ総テ戸主ノ所得ニ合算スルモノトス」とされ、同居家族の所得は戸主に合算されることになっていた。

戦後の憲法二四条で家族内の男女平等が規定され、「家」制度と「戸主」は廃止された。税制も個人単位となったが、個人事業主の家族への報酬は事業主と一体として、経費には算入されないままとなった。中小自営業者が結成した全国商工団体連合会は、「営業の大部分は家族の勤労によるもので、勤労所得は経費と認めるべきだ」と要求。これらの動きを受けて、一九五二年に五六条が整備されたとき、事業内容の透明化のため一定内容の帳簿を整える「青色申告」を行えば一定限度内で家族への賃金を必要経費にできるとする「専従者控除制度」が導入された。

一九六一年には、家庭内の働き手の「勤労所得」と会社の「事業所得」を分けて申告する自営業者たちの「分離申告運動」が広がり、青色申告者以外の「白色申告者」にも「白色専従者控除」ができた。さらに六七年には、青色申告すれば家族の賃金は経費として認められることになった。

このように、運動によって、「自営の妻の賃金」は、それなりに認められてきた。だが、自営の妻の働きは夫のものとする五六条は、原則として残り、長廣さんの場合のように、「妻」から「母」へ移行しただけで三六万円も控除が減るという、勤労実態を無視した事態が引き起こされることにもなった。

このような五六条のつくりは、対等に働く共働きカップルにも影を投げかけている。

二〇〇四年には、五六条を根拠に、弁護士の夫が妻である弁護士に仕事を依頼した対価が事業経費として認められないという最高裁判決が出た。さらに〇五年にも、弁護士の夫と税理士の妻についても同様の最高裁判決が出ている。

熊本学園大学『会計専門職紀要』第二号に掲載された宮崎裕士の論文によると、五六条は、実際には働いていない妻に架空の賃金を過大に申告して税を減らそうとする不正を防ぐ意味があったとする。だが、その趣旨からいえば、弁護士の夫婦の場合のように、妻が事業で夫と対等の役割を果たしている場合まで対象に含めるのはおかしい。そんな場合は五六条の規定の対象にはならないはずと、宮崎は指摘している。最高裁判決は、本来の趣旨をはずれて「同一生計の妻」を形式的にとらえ、生計が同じならすべてダメとする拡大解釈になっているのではないかとの主張だ。

とはいえ、青色申告すれば、妻への給料分は経費として認められるはずだ。なぜ青色申告では解決にならないのか。

ＩＴ関係企業の社員から独立して自営業になった稲田ひろ子さんは、「最初に五六条廃止要求について聞いたときは、私も法律のことなんかキャンキャン言ってるひまにパソコンソフトでもなんでも使って、さっさと青色申告してしまえばいいじゃないかと思いました」と振り返る。だが、五六条について深く知るにつれ、考えは変わった。

まず、青色申告者として認めるかどうかは税務署長の裁量次第だ。知人の中には、青色申告したのに署長に認めてもらえなかった例も実際にある。五六条がある限り、「妻の賃金は白営業主と一体なので経費にはならない」という「原則」は生きている。納税者の権利として妻の報酬が認められるのではなく、青色申告すれば、恩恵的にお目こぼししてもらえるというだけのことだ。弁護士の夫が弁護士の妻に払った対価が経費として認められなかったことをめぐる訴訟の判決に見られるように、五六条が存在する限り、妻の労働が独立した労働として認められなくなる恐れは消えない。

夫の身分で決まる妻の保障

青色申告しなければ妻の給料分八六万円まで、という数字へのわりきれなさを訴える声もある。大阪府枚方市に住む自営業主の妻、ノブコさんは、自身の労働量を考えると「上限八六万円」の数字に、たったこれだけ？　の思いがわいてくる。

一九四七年生まれの団塊世代であるノブコさんは、会社員男性が増え続けた高度成長期に青春を送り、専業主婦の比率がピークに達する一九七〇年代に結婚した。収入が不安定な商店に生まれ、賃金が安定している会社員家庭にあこがれて、サラリーマンの夫と結婚した。ところが九五年、バブル崩壊後の不況の中で、夫はリストラの対象になった。技術畑一筋で器用に生きられない夫にとって、四五歳での再就職は難しく、銀行からの借り入れを足して、写真の現像・焼き付け・引き伸ばしを行うＤＰＥショップを開業した。

夫が会社員のころは、専業主婦も家事をしているのに自営業の妻のような賃金の控除がないのは不公平と思っていた。だが自営業主の妻になってみて、改めて零細自営業主の妻の割の合わなさを実感した。

専業主婦のときは、たしかに家事で忙しかった。だが、今は家事に加え、店の仕事が殺到する二重負担状態だ。それでも利益は出ず、開業資金の返済に苦しんで、夫は「死んでしまいたい」と落ち込んだ。「そんなに苦しいなら死んだら。でも、三人の子どもを抱えて死ぬわけにもいかへんやん」と言ってみたこともある。開業七年目の二〇〇二年、なんとか利益が出るようになった。夫が初めて二万円くれた。うれしかった。だが、それも束の間、デジタルカメラの普及で現像や焼き付けの需要は激減し、経営は苦しくなる一方だ。

夜中に目がさめると、夫が起き出してテレビを見ている。「眠れないの？」と聞くと、「借金のことを考えると寝てられへん。お前はよく眠れるな」と言われた。そんなこと言われたって、と思った。それでも商店街で近所の人に出会うと、ノブコさんは「もうかってますわ」とにっこりする。暗い顔をしていると、貧乏神がついてくるような気がするからだ。

労働の多さ以外の負担もさまざまにある。勤め人だったときは、パートで働くと、年収一〇三万円までなら配偶者控除が受けられる。自営業主の妻には八六万円しか経費として認められないのに、勤め人の妻が外で働けばこれより一七万円多く控除となるのか、と納得がいかない。年金も、勤め人の妻は一三〇万円までなら第三号被保険者として保険料を免除される。だが自営業になったら妻も第一号被保険者なので、一律、月一万五〇〇〇円程度、年にして約一八万円の国民年金保険料を負担しなければならない。

交通事故にあったときの賠償額の基準も気がかりだ。主婦が交通事故で通院・入院したときの賠償額は、交通事故の自賠責保険が最低五七〇〇円支給されることを基準に、損害保険会社では一日当たり五七〇〇円として計算する。ところが、自営業主の妻は、専従者控除に相当する額を年三六五日で稼ぐとして一日換算で二三五六円で計算された例があったからだ。専業主婦の保障額の半分以下だ。

妻から母に変わったとたんに八六万円が五〇万円になった長廣さんと同様に、ノブコさんも、夫の立場が変わっただけで妻の評価にこれほど差がつくことを知った。家庭内の働き手であっても、人として最低の共通した社会保障や、実際の働きに見合った賃金、そうした賃金分の経費への算入が必要ではないかと、いまノブコさんは考えている。

実態を知らないルールの作り手たち

青色申告などを条件としつつ、ここまで例外を広げているのに、五六条が撤廃されないのは、なぜだろう。

二〇〇六年の国会図書館の調査では、先進国の多くが、「通常にして必要な経費ならよい」とする米国など、妻が実際に働いていればその賃金分は控除される。税金逃れの不正は日本と同様、問題視されているが、これを防ぐためには「適切な記帳を行う義務」(オランダ)や、普通の従業員と同じ状況で支払われていることなどを裏付ける資料の添付(オーストリア)などの措置を設けることで対応している。「社会通念上妥当な範囲内」(韓国)、という上限付きで必要経費に算入できる例もある。五六条を撤廃しても、なんとかなるということだ。

もちろん、フィンランドやイタリアのように、妻の賃金を一切認めない国もある。だが、日本の特徴は、妻の賃金を認めない原則は変えないまま、青色申告制度や白色申告での一定の控除といった例外規定のつぎはぎでしのぎ続けてきたことだ。

妻の労働に支えられる零細企業が多い日本で、妻の報酬を認めないのは実態に反する。だが同時に、妻の賃金を認めなければ零細企業の名目利益が膨らみ、税金はとりやすくなる。大手輸出企業は、下請けの単価引き下げを緩衝材にして通貨変動をしのぐことが多い。そうした柔構造の末端には、無償の働き手としてさまざまな変化をスポンジのように吸収していく家族従業者がいる。大手企業や官庁にとっては、五六条の原則は手放さないまま女性たちの不満に「青色申告があるから」というガス抜き装置をつくり、例外として対応するのが便利ということではないだろうか。

加えて、日本の官庁や大手企業の幹部、マスメディアの記者などのパワーエリートたちには、「働いていない妻の賃金の水増しによる不正」への不信感と不公平感が、きわめて根強い。二〇年ほど前、記者を対象にした勉強会に講師として招かれたことがある。「自営業は優遇されているとサラリーマンは思っているようだが、妻についての控除や第三号被保険者への年金保険料の免除などを見ても、必ずしもそうとは言えない」と言うと、男性記者たちの顔色が変わった。「自営業主は妻に多額の賃金を支払った形にして節税している。うちの妻も家事で貢献しているのに不公平だ」と言うのだった。

そのころのマスメディアでは、サラリーマンの収入はガラス張りで九割が捕捉されるが、自営業は六割、農業は四割という「クロヨン」説や、遊んでいる社長夫人に架空の給料を計上して節税している中小企業の告発記事が躍り、官僚や新聞記者の間では「サラリーマン被害者説」が駆け巡っていた。新雅史は『商店街はなぜ滅びるのか』で、その背景に自営業が大規模小売店舗立地法の運用などで自民党への圧力団体となったことへの苦々しさも影響したと述べている。ただ、自営業の妻への風あたりの背景には、勤め人の妻の実態と自営業の妻を同列視してしまう問題点もあった。たしかに、「遊んで給料をもらっている社長夫人」は皆無ではなかったかもしれない。だが、ノブコさんの例にもあったように、多くの零細自営の妻は「遊んで」などいられない。にもかかわらず、そのような働き方は、勤め人の目には入りにくい。

高度成長期、マスメディアは専業主婦を「三食昼寝つきの永久就職」と揶揄した。勤め人文化の中では、女性は「外で苦労している男性の汗で家で遊んでいられる存在」ととらえられがちだ。こうした女性観が、「自営業の妻＝遊んでいる社長夫人」のイメージを強める。

勤め人層の間では、家事や子育てへの対価としての配偶者控除は、専従者控除とのバランスから必要だという意見も根強い。だが、専従者控除は夫の会社での労働の対価であり、家事や子育てへの対価ではない。自営の女性たちは、別に家事も担っているのだが、これが家事専従の妻（＝専業主婦）を当然とする勤め人男性たちには理解されにくい。

もちろん、配偶者控除が「妻の家事や子育てへの対価である」とする主張にも疑問はある。これは妻に支払われるものではなく、夫の給与所得に対する控除だからだ。この控除は低福祉社会日本を支える家庭内福祉の担い手として女性を位置付け、扶養によってそうした担い手を家にとどめている夫に対して支給されてきた「補助金」と考えると理解しやすいかもしれない。

北村美由姫の論文「配偶者控除についての一考察」(二〇〇八年)によると、日中戦争以前の日本では、女性は扶養控除の対象ではなかった。ところが、満州事変以降の長引く戦火の下で軍事費の調達のため、勤労者の税負担が重くなり、その軽減のためとして妻も扶養控除に含める措置が導入された。その翌年の一九四一年の「人口政策確立要綱」では、女性は二〇歳を過ぎたら働くことをやめ、早く結婚して平均五人は子どもを産むこと、女性の就業を抑制して家にとどめることが明記され、配偶者控除を出産奨励策に利用することも謳われたという。配偶者控除はやはり、妻への労働対価というより、夫への奨励金を出自に持っていたことがわかる。

「遊んで給料をもらっている社長夫人」へのパワーエリートたちの怨念をよそに、大商連ビルでの会合では、家事と家事以外の膨大な仕事を担って、零細企業を支える自営業の妻たちの働きぶりが浮かび上がった。ある居酒屋店主の妻は、朝五時から近所のパン屋でパンを焼くパートで賃金を稼ぎ、八時に帰宅していったん仮眠を取り、午後三時に起きて居酒屋に出す料理をつくり、午後七時には夫が入っている店に持っていく。これが、毎日のように繰り返される。税務職員から「仕事の実態を知りたいので夫に会わせてほしい」と言われ、「お父さんに会っても経理のことは何も知りませんよ」と言い返した妻もいる。この女性は、夫と口げんかになったとき「お父さんが知っているのは現場だけでしょう、あとはみんなウチがやってるんやから」と言ったという。

彼女たちの労働条件は厳しい。二〇一二年の「全国業者婦人の実態調査」(全商連婦人部協議会)では、「出産前に休めなかった」という女性は三四%、出産後は休めなかったが七%、休んだ期間が一週間未満が一〇%に上る。だが、これらの女性の多くは、自身を専業主婦ととらえ、無償でもしかたないと思いこみがちで、声を上げにくい。そんな現実が、五六条の存続を支えている。

天皇制並みの抵抗

二〇一二年、戦後憲法に男女平等条項を盛り込むため奔走したベアテ・シロタ・ゴードンが亡くなり、翌年三月、その偲ぶ会が、東京都内で開かれた。列席者の一人から「戦後憲法への改定の過程で、日本側が天皇問題と同じくらい抵抗を示したのが男女平等条項だった」とのべアテの回想が紹介された。女性の家庭内の無償労働をいくらでもつかえる資源と位置づけてきた戦前の経済体制の根強さをうかがわせる言葉だ。

男女平等憲法が生まれたその後も、こうした経済体制を守ろうとする動きは、危機のたびに、間欠泉のように噴き出している。

一九七三年、高度経済成長の勢いの中で、日本政府は「福祉元年」を謳い上げた。だが、その年の第一次オイルショック、続く第二次オイルショックによって財政への不安が頭をもたげ始め、一九七九年には自民党福祉部会が「日本型福祉社会構想」を打ち出す。当時福祉社会として知られていたスウェーデンや、「ゆりかごから墓場まで」の社会保障を謳っていた労働党政権下の英国を「税金で国民を甘やかし、糖尿病にする政策」と激しく批判し、日本は「温かい家族福祉の国」と位置づけた文書だ。家族が介護や保育に責任を持ち、これを企業が支え、これらの安全ネットからこぼれた人を政府が救うという構図を打ち出したこの構想は、保守層が描くその後の日本の福祉の在り方を、極めてわかりやすく映し出している。家族福祉の実働部隊は、もちろん妻である女性だ。ここに生活費を供給するのが企業に支えられた夫、という構図が定式化されたことで、女性が無償福祉の担い手から抜け出すことが難しい社会も定式化された。第1章で述べた、均等法への政官財の男性たちの強い警戒感は、この図式を前提とした低福祉社会が崩れることへの懸念も大きな原因だったろう。

ここ数年の「間欠泉」の噴出は、一九九〇年代後半に選択的夫婦別姓制度の議論が盛り上がった前後から始まっている。

バックラッシュの嵐

一九九三年、非自民、非共産の各党が組んだ細川連立政権が生まれ、これが倒れた翌年、連立を離脱した社会党(現・社民党)が、自民党と組んで、これに新党さきがけが加わった「自社さ連立政権」が生まれる。このリベラル政権の下で、九六年、希望するカップルは別姓を選べる選択的夫婦別姓や、婚外子の相続差別の撤廃などを盛り込んだ民法改正要綱が発表される。また、前年の九五年に北京で開かれた国連の第四回女性会議でも、同政権は、男女平等の理念を規定した男女平等基本法の制定を約束し、少子化などに対応し、女性が家庭外で活躍できる法的な枠組みづくりに日本も本腰を入れるかと思われたのがこの時期だった。

だが、その前後から保守層による激しい巻き返しが始まった。この動きは、フェミニズムに対する米保守層の巻き返し運動をまとめたスーザン・ファルーディの著書『バックラッシュ――逆襲される女たち』(新潮社、一九九四年)にちなんで「バックラッシュ(ある考え方が進められたとき、その考え方に対して起こる揺り返しの動き)」と呼ばれている。

まず、民法改正要綱が発表された翌年の一九九七年、戦前民法の「家」的な家族像の変化に危機感を抱く「日本を守る国民会議」と宗教組織「日本を守る会」が合体し、憲法改正を目指す右派組織「日本会議」が発足。その翌年、自社さ連立から、自民・公明の連立へと政権が移り、男女平等基本法は、「平等」の言葉を嫌う保守系議員に配慮した「男女共同参画社会基本法」の名で、一九九九年、国会を通った。「日本会議」を中心にした男女共同参画批判、性教育たたき、男女平等教育たたきが本格的に吹き荒れ始めたのはこのころからだった。

自社さ政権下では、「ジェンダー・フリー(男らしさ、女らしさから自由になるという意味の和製英語)」を目指す教育が学校現場で広がっていた。生物学的な性別を意味する「セックス」という用語に、男女役割分業や「男らしさ、女らしさ」といった社会が作り上げた性別としての「ジェンダー」を対置させ、女性が外で働けなかったり男性が家庭生活を楽しむことができなかったりする日本社会の性差別的状況を見直し、少子化などの社会の転換に見合った人材づくりに対応しようという教員らの内発的な動きだった。

だが、保守層は、「ジェンダー」という耳慣れない学術用語のわかりにくさを利用し、「ジェンダー・フリー教育は性差をなくして中性化を目指すもので、トイレや更衣室も男女一緒にし

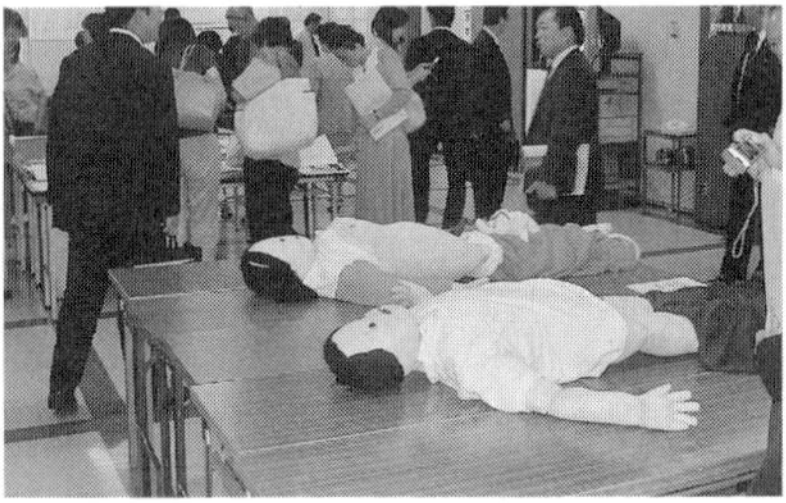

「行き過ぎた性教育」のキャンペーンのため，服をはがれてさらされた教材の人形たち（2003年，東京都内で）．

ようとする試み」というデマを広めた。当時、新聞記者だった私の下にも、保守系国会議員の秘書から、ジェンダー・フリー教育によって男女が同室で着替えているという情報がもたらされた。リストに挙げられた高校を記者たちで手分けして取材したところ、女性更衣室が狭かったり、教室から遠かったりする学校で、生徒たちが体育の授業開始に間に合わないことを心配して教室内でタオルをかぶるなどして着替えをする例があることがわかった。原因はジェンダー・フリーではなく、実は十分な更衣室を用意できない教育予算不足にあったということだ。

二〇〇三年には、知的障害のある児童の性的被害を防ぐため、性器のある人形を使って男女の身体の仕組みを教える授業で高い評価を受けていた東京都立七生養護学校（現・東京都立七生特別支援学校）の試みを、日本会議などに所属する都議会議員らが都議会で取り上げ、「行きすぎた性教育」として批判した。都議らは『産経新聞』記者らとともに、同校内に「調査」に入って教材の人形を持ち去り、国会内や公開シンポなどで性器部分をさらして展示した(写真参照)。かかわった教員らは東京都教育委員会に処分されたが、二〇一一年、東京高裁で都教委や都議による教育への不当な介入との判決が出て教員側が勝訴している。

「無償労働」はダメ？

男女共同参画社会基本法によって男女平等政策の元締めとされた内閣府男女共同参画局は、これらの勢いに押される形で通知を出した。「『ジェンダー・フリー』という用語を使用して、性差を否定したり、男らしさ、女らしさや男女の区別をなくして人間の中性化を目指すこと、また、家族やひな祭り等の伝統文化を否定することは、国民が求める男女共同参画社会とは異なる」とするものだった。保守層は、この通知を「ジェンダーの言葉の禁止」とし、公文書からジェンダーの言葉を削ることを求める「言葉狩り」的な動きがさまざまな自治体で起きた。

第2章でふれた「親学」の高橋史朗・明星大学教授は、こうした陣営の代表的な担い手として知られ、二〇一二年に生まれた第二次安倍政権では、国の男女平等政策を審議・提言する男女共同参画会議のメンバーに起用されている。

これらの動きの中で、女性が外で働くことを支援する制度も後退していった。二〇〇〇年、東京都で、石原慎太郎・新都知事の下、「職場における男女差別苦情処理委員会」や「女性に係る訴訟支援制度」などが廃止された。その二年後には「東京女性財団」も廃止となり、各自治体で女性センターへの介入が頻発した。女性センターは、第2章で紹介した三浦純子さんが専業主婦から働く女性へと踏み出すきっかけとなった場だ。

そのひとつ大阪府豊中市の男女平等を進める施設「すてっぷ」では、二〇〇四年、非常勤館長だった三井マリ子さんが、右派団体や市議会議員によって「三井は専業主婦は知能指数が低いと言った」というデマを流され、執拗な嫌がらせの中で市から契約更新を打ち切られた。三井さんは市と施設を運営する財団を相手取って訴訟を起こし、二〇一〇年に勝訴する。一連の右派の動きについて、浅倉むつ子・早稲田大学教授は、この訴訟で提出した意見書の中で次のように記している。

「男女共同参画に関するバックラッシュ勢力は、全国組織を背景としており(一九九七年に創立された「日本会議」が中心)、ねらいを定めた地方自治体において、一般市民を装いながら歪曲したデマを流しつつ、特定の個人を名指しで攻撃する行為をしつこく繰り返し、(中略)ときには地方自治体の一部議員と連携しつつ行政や男女共同参画拠点施設の職員等に対する執拗で陰湿な攻撃・批判を行うものであって、この勢力に目をつけられることの恐ろしさは、地方行政に携わる者にとっては周知の事実である」

標的は、法制度にも及んだ。現首相の安倍晋三・自民党幹事長代理(当時)を座長に、「過激な性教育・ジェンダー・フリー教育実態調査プロジェクトチーム」を結成していた議員らが中心になり、二〇〇五年、第二次男女共同参画基本計画の策定にあたっていた男女共同参画会議に、基本計画案の文言に対して注文がつけられた。家事などの無償労働についての項目には、「対価のない労働で、犠牲を強いられているようなニュアンスがある」、男性の育児休業については「父親が休業してまで育児する必然性はない」といった細かな指摘が、文書の形でつきつけられた(二〇〇五年一〇月四日付『朝日新聞』)。

国家主義的な教科書づくりを求める『新しい公民教科書』(扶桑社、二〇〇六年)でも、「家事は無償の労働か」と疑問を投げかけ「家事は生活の喜びや家族のきずなを生み出す源」「お金にならないというより、お金でははかれないほど大事な価値をもった仕事」とされている。家庭の中で女性が行う労働を「きずなを生み出す源」と強調することで無償の貢献を求め、家事が持つ労働としての側面を隠そうとする意図がうかがえる。

二〇〇四年、家庭内の平等を規定した憲法二四条の見直しを打ち出した自民党のプロジェクトチームによる憲法改正に関する「論点整理」が発表され、女性たちは集会などを開いて激しく反発した。その結果、その後の改憲案では二四条見直しは姿を消し、二〇一二年の同党の日本国憲法改正草案でも、二四条は残された。だが、「家族は、社会の自然かつ基礎的な単位」「家族は、互いに助け合わなければならない」が付け加えられた。一見美しい「家族の助け合い」だが、憲法で義務化されると、困ったときに公的福祉のお世話になる権利が失われ、家族に負担が押し付けられかねない追加だ。しかも、従来の「個人」ではなく「家族」が単位となると、家長が「単位」を率い、これに従属する妻が家庭内で無償の福祉の重圧を一手に引き受ける構図が生まれ、二四条の換骨奪胎となりかねない。

「嫁」の契約書

そんな中でも、着実に進んでいるのが、農家の女性や後継者らが、経営者である夫や父と結ぶ家族経営協定だ。

自営業の女性の現状は、従業員と同じ労働を担っていても、家庭内で行っているというだけで「家事」とひとくくりにされ、「家事」のレッテルを貼られるやいなや、その経済的価値が見えなくさせられる仕組みを浮かび上がらせる。

農家の女性の労働も、自営業の女性のこのような構造と共通している。ただ、ここでは、そ

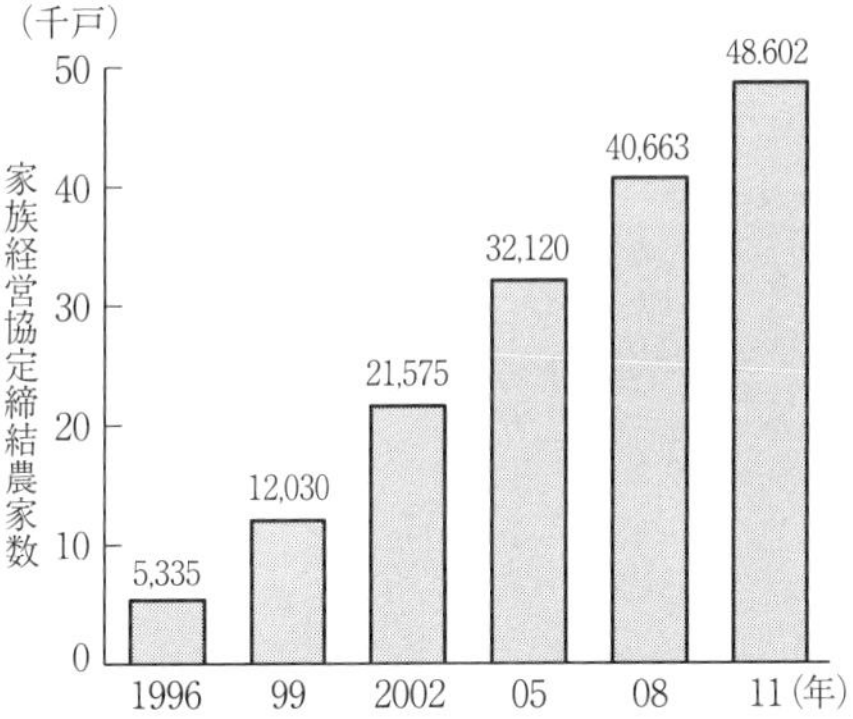

(注1)1999年までは8月1日現在, 2002年以降は3月31日現在(ただし, 02年の一部に8月1日現在の地域がある).
(注2)東日本大震災の影響により, 宮城県及び福島県の一部の締結農家数については, 2010年3月31日現在のデータを引用.
(資料)農林水産省経営局2011年7月8日発表資料

図表3-1　家族経営協定締結農家数の推移

の労働を見えるようにする取り組みとしての家族経営協定の締結が、図表3-1のように、じわじわと増えている。それは、農業の支え手としての女性の存在が不可欠になりつつあるという現実的な要請が、「べき」と「はず」を通用させなくしているからだ。

この協定に関心を抱いたのは、今から一五年も前の一九九七年春、農家の女性の状況を取材したいと、熊本学園大学教授の篠崎正美さんの協力で農家を訪れたときからだ。

「家族経営協定」は、報酬や労働時間などの働く上での条件を、父と跡継ぎの息子との間で結ぶものとして知られていた。これを農家の妻や「嫁」たちにも適用させることで、農家の女性たちの労働を顕在化させようとの動きが各地で始まっていた。

引き金になったのは、一九九五年二月に出された農林水産省構造改善局長・農蚕園芸局長の通達だった。九五年の「自社さ」連立政権下、北京で国連の第四回女性会議が開かれ、女性の権利や社会進出を後押しする気運が強まっていたことはすでに述べた。その空気の中で、農家の女性の活躍による農業振興という政策も盛り上がりを見せていた。「家族経営協定の普及推進による家族農業経営の近代化について」と題したこの通達は、「家族経営協定」によって個人の役割を明確化し、能力を発揮させ、収益を配分して意欲を高めようとすることが趣旨だとされている。これが女性の無償労働の評価のひとつと受けとめられたのは、「女性、農業後継者等農業に従事する世帯員の個人の地位及び役割の明確化」などが明記され、「農家の嫁」の働きの評価に焦点をあてていたからだ。

篠崎さんと、女性の家族経営協定の推進に熱心な女性の農業改良普及員、飯田真志子さんの案内で、熊本県内の何軒かの農家を車で回った。甘夏みかんの生産農家、タロウさん(当時五七歳)と妻のイクエさん(当時五二歳)宅の庭先にはトラックが停められ、荷台には、黄色の丸い甘夏が三月の明るい陽光に照らされながら積み込まれていた。

協定は九五年に締結された。給料、ボーナス、休日、仕事の役割などが書面化され、毎年更新時には、洗い直される。労働時間は朝八時から夕方五時まで。収穫・選別時期以外は、日曜は休日だ。経営がピークだった九二年、長男夫婦だけでなく会社をやめて農業に戻ってきた次男夫婦も加わり、三組の夫婦が農業経営に従事することになった。給料は、別居して家賃や通勤費がかかる長男に二〇万円、同居の次男に一五万円。画期的だったのは、イクエさんの提案で、「妻たちへの月給」が制度化された点だった。

タロウさんは、一家全員の衣食などの基本的な生活費を受け持ち、妻のイクエさんには月三万円が支給される。次男の月一五万円のうち五万円はその妻の口座に払い込まれる。農業プラス育児労働を評価しての額という。

長男宅では、妻が都会出身ということもあり、勤め人に多い妻への「給料一括委託」方式となった。

イクエさんが「妻の月給」を提案したのは、必要なたびに夫に現金を請求する窮屈さにつらい思いをしてきたからだという。タロウさんは同業者組合の役員を引き受けており、農業も家事も、イクエさんが一手に引き受ける日々が長く続いた。「それなのに、いちいち夫に出してくれるよう言わなくてはならなかった。給料がほしいとつくづく思った。息子の妻たちには、そういう思いをさせたくなかったんです」。協定を結んでからは余暇もでき、イクエさんは、休みの日は趣味のジャズダンスに出かけると言った。

一九九二年度から九四年度まで、農林水産業特別試験研究費によって行われた「家族農業経営における労働報酬の適正な評価手法の開発実績報告書」(主任研究者・宮崎礼子・日本女子大学教授)は、見えにくい農家の労働報酬をどう評価すべきかについての基本的な考え方を要領よく整理している。

ここでは、農家の労働を、①農業労働(農作業・農業労働、経営管理労働、家事労働的営農関連労働)、②育児介護労働、③地域守り労働の三つに分けている。ここでの家事労働的営農関連労働とは、生産の場と生活の場が共有されている農家には農具の手入れなど家事労働と重なり合う農業労働があるため、これを家事とは分けて評価したものだ。自営業の女性で専従者控除の対象になっているのはこの部分だ。また、企業での女性労働評価についての研究をもとに、女性が多数を占める「女性職」の評価が低くなる従来型の賃金評価を避けることを強調し、職種は違っても、同程度の労働なら同程度の価値といった「同一価値労働同一賃金」に似た評価方法を採用することも提案している。家事・育児に極端に低いポイントをつけないこと、育児にかかる費用の支給と、労働報酬を混同しないことなどがそのひとつだ。

また、一人が多様な労働を複合的に行っている家族経営の農家では、どの家族の報酬も一律に労働時間×同一の時間単価とすること、職務遂行能力や貢献度は評価が恣意的になり家族間の格差が大きくなることから導入しないこと、農家の経営はトップダウンというより水平的であることから、特定のだれかを管理的業務者としないこと、を報酬の決め方の基本線としている。これらを見てくると、家族経営協定による無償労働の評価とは、一見、「カネの話」のように見えて、実は、「権限の話」であることがわかってくる。つまり、家長(男性)支配に、数量的な労働評価を通じて歯止めをかけ、女性をはじめとする実際の仕事の担い手の働きをはっきりさせる透明な組織づくりのための道具なのである。

報告書には、「支払えるのかどうか」の試算も盛り込まれている。まず、専業農家の年間一人あたり換算労働時間を男性二〇〇九時間、女性二〇〇八時間と推算し、その結果から一人あたり年間農業労働時間を二〇〇〇時間の労働とする。また、総務庁(当時)の社会生活基本調査とNHKの国民生活時間調査から、育児・介護時間の男女別平均を割り出し、これに平均賃金などの単価をかけ合わせる。最低賃金は地域で額が異なるが、たとえばもっとも安い地域の最低賃金の額をかけ合わせた場合で、農業労働は年間一〇五万六〇〇〇円となる。同じ計算の仕方で介護や育児を担当している女性の報酬を試算すると、八〇万九〇〇〇円程度だ。

報告書作成チームが一九九三年、青色申告農家を対象に二二道府県、一一二農家で行った中の千葉県での聞き取り調査によれば、この計算のように最低賃金で払うとすれば、対象の一四農家のすべてが支払い可能という回答が出た。にもかかわらず、給与が最低賃金の水準に達しているのは五農家にすぎなかったという。専業農家の場合は、支払い可能でありながら、それより低い水準に抑えられていることが推測できる調査だ。

二〇〇〇年に行われた「家の光協会」の「農村女性に見るお国柄の違い——農村女性の意識と実態にかんする国際比較調査」は、日本と韓国、フィリピンの三国の農家の二〇歳以上の男女を対象に調査を行い、その特徴を比較している。「家の農業に従事したときの報酬の受け取り方」について聞いたところ、日本では男女ともに「報酬を受け取っていない」「必要なときに受け取る」が六六%にも及び、韓国の四一%、フィリピンの六一%に比べて最も多い。報告書では「農業経営と家計が明確に区分されない状況」があり、これでは「正当な労働報酬を受け取りたくても、家庭の中で女性だけが権利を主張するようでカドが立つ、と感じる人がいても不思議ではありません」と述べている。

労基法外の「家事使用人」

家族経営協定は、後継者の中で、農業活性化の切り札として、家庭内の家事労働や家事と混同されがちな女性の農業労働の〝見える化〟を目指した。だが、家事労働を見えなくさせる法律は所得税法五六条以外にも、日本の法律のあちこちに顔をのぞかせる。

たとえば、労働基準法では、「家事使用人」などは除外されている。この法律は、労働者の働くルールを規定したもので、ここでの「労働者」の定義は、「職業の種類を問わず、事業又は事務所に使用される者で、賃金を支払われる者」とされている。その適用除外となっているのが、第一一六条二項で決められている「同居の親族のみを使用する事業」と「家事使用人」だ。同居の親族とは、同居している六親等内の血族、配偶者、三親等内の姻族のことだという。ただし、①常時に同居の親族以外の労働者を使用する事業（つまり社員のいる会社や商店）に使用されている者であって、②事業主の指揮命令に従っていることが明確で、③就労の実態が他の労働者と同様であり、④賃金も他の労働者と同様に支払われている場合には、「労働者」として対象になる。とはいえ、零細事業者ではこれらの条件が満たされていないことが少なくない。だから、家庭内で事業を支える女性たちは、働くルールからも除外されがちになる。

また、「家事使用人」の定義は、「従事する作業の種類、性質のいかん等を勘案して具体的に労働者の実態により決定すべきものであり、家事一般に従事している者がこれに該当する」とされている。たとえば、ある家庭でその家族の指揮命令の下で家事一般に従事していれば、適用除外の「家事使用人」となり、家政婦紹介所や家事代行サービス会社に雇われ、派遣された先の家族ではなく、派遣した会社の指揮命令の下に家事を行えば「家事使用人」ではないということになる。

DVは、家庭内の配偶者や、恋人からの暴力として社会問題化した。こうした暴力は、長く家庭内のことに行政は介入しないという慣行の下に、手をつけられずに来た。それが、一九九三年の国連の世界人権会議で「暴力」として認められ、以後、さまざまな政策的措置が取られるようになった。だが、家庭内の労働は、いまだに「夫の財産」扱いされて賃金の対象にならず、労働者保護の外の枠組みで扱われがちだ。

ニートの定義

その裏返しが、ニート(若年無業者)の定義だ。ニートとは、「Not in Education, Employment or Training」の略で、働いてもいないし教育も職業訓練も受けていない若者のことを指す。二〇〇五年前後に、こうした所属場所のない若い世代が、日本でも社会問題として注目され始めた。だが、〇六年の『厚生労働白書』のニートの定義では、一五〜三四歳の年齢層のうち働いていなかったり仕事を探していなかったりする人の中から、学生、専業主婦、家事手伝いを除いたものとされた。

一方、内閣府が二〇〇五年、「青少年の就労に関する調査研究」で示した定義は、「各種学校（高等学校、大学、専門学校の他、予備校も含む）に通学しておらず、独身であり、ふだん収入になる仕事をしていない、十五歳以上三十五歳未満の個人」とされ、「家事手伝い」の女性も含まれていた。英国の例などからニートを社会問題として取り上げ、この調査の企画分析委員長を務めていた玄田有史・東京大学助教授（当時）が、「女性の若年無業者が家庭外での社会参加活動をしていない場合、自らの現状を表す言葉に窮し、家の手伝いをしていると回答する女性が多く見受けられた」（「青少年の就労に関する調査研究」）として、ニートも家事手伝いも違いはないと判断したことが大きい。

だが、二〇〇六年、参議院で、民主党の山根隆治議員が、厚労省と内閣府のどちらの定義が政府の定義かと質問し、政府は、家事手伝いを除いた厚労省定義を公式のものとすると答弁、日本のニートから「家事手伝い」は除かれることになった。

だが、「家事手伝い」が定義から外れたということは、女性の家庭内無業者がニート支援の対象から外されることにもなりかねない。静岡県のハルナさんは、そんな一人だ。取材当時、四一歳。大学を卒業した一九九五年は九〇年代後半の長期の不況が始まったころで、就職先がなく、大学の勧めで非常勤の中学教員になった。だが、その任期が切れると、後はパートなどの非正規の仕事をつないで働くしかなく、これも職場のいじめなどで退職に追い込まれ、父母のいる自宅で、家事や働いている妹の子どもの世話をしている。将来への不安や疎外感から外で働いて経済的に自立したいと思い続けてきたが、出口がみつからず、静岡市女性会館が主催した二〇〜三〇代の未婚女性の就労支援講座で、ようやく悩みを打ち明ける場所をみつけた。「こうした場がなければ、仕事へ再挑戦しようとする気力やきっかけを持てなかった」とハルナさんは言う。

厚労省の定義は、ハルナさんのような女性を、家庭内の無償労働要員として温存する結果を招きかねない。政府が、そうした定義を公式見解としたことで、家庭内にとどまる独身女性を経済的自立のできる主体にしていくアプローチを鈍らせたことになりはしないか。

家庭内の女性の労働は、自営業では原則として賃金支払いの対象にならないとされ、労働基準法では働き手の最低ルールの適用除外とされ、さらに、独身で家庭内にとどまる若年女性無業者は、自立支援の対象外とされる。これらを「見えるもの」としていくため、家族経営協定のように、現実の変化や、実態に見合った家庭内労働の位置づけ直しが問われている。

第4章

男性はなぜ家事をしないのか

「働く妻」は夫にもおいしい

前章までは、家事労働を抱えた働き手が職場から排除され、経済力を獲得しにくい状況に追い込まれていく仕組みを追ってきた。このような社会は、過労死しようが、病気になろうが、とにかく男性が稼ぐしかない社会でもある。そんな現状を、男性たちはどう受け止めているのだろうか。男性の雇用も不安定化し、学校を卒業した後の男性の非正規率は、一五歳から二四歳では四人に一人(二〇一三年現在)に及んでいる。これを乗り切るには、妻にも安定した働き方をしてもらうことで家計収入の道を多角化し、自身の賃金の低下をカバーして新しい安定を確保すること以外に道はないはずなのだが。

女性がそのような家計のもうひとつの柱として機能できるようになるには、実は次の条件が最低限、必要だ。①労働時間の短縮で、家庭の女性が一人で引き受けてきた家事や育児や介護、そして地域活動などの無償の労働を働く男女で引き受けられる余地を増やすこと、②これらの無償労働を、介護・保育施設などの社会サービスが一部分担することで、家庭が抱える無償の労働の負担を軽くすること、③家庭内の無償の労働を男性も分担すること、の三つだ。

①は企業、②は行政、③は男性の分野で、この三者が分け持つことで、女性が一手に抱え

ていた家事労働が分散され、女性は空いた時間で賃金の稼ぎ手に回ることができる。もし三者のうち特定のひとつの部門負担が極端に偏れば、その部門はもたなくなる。だから、それぞれが少しずつ、無理のないように分け持つことが大切だ。

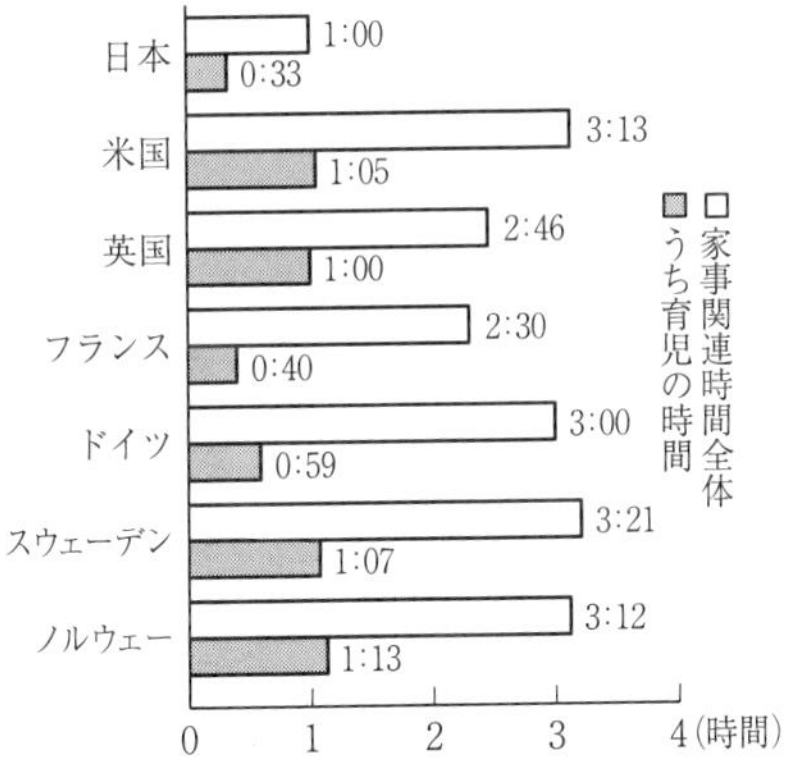

(注)日本の数値は,「夫婦と子どもの世帯」に限定した夫の時間である.

(資料)Eurostat “How Europeans Spend Their Time: Everyday Life of Women and Men”(2004). Bureau of Labor Statistics of the U.S. “America Time-Use Survey Summary”(2006)及び総務省「社会生活基本調査」(2006年)より作成.

図表4-1　6歳未満児のいる夫の家事・育児関連時間(1日当たり).『平成24年版男女共同参画白書』から

だが、前章までで明らかにしたように、企業も社会サービスも、こうした負担を避け続けている。そして、三つ目の柱である男性の家事分担も、日本ではいまなお低い水準にとどまっている。図表4-1は、子育ての負担が大きく、夫の助けをもっとも必要とする六歳未満の子どものいる家庭での夫の一日の家事時間の国際比較だ。ここでの日本の夫の家事時間は一時間で、うち育児時間も三三分にすぎない。米、ドイツ、スウェーデン、ノルウェーなどの夫の家事時間が三時間を超え、育児時間が一時間近くなのに比べ、極めて低い参加度だ。なぜ、日本の男性は、これほど家事への参加度が低いのだろうか。

第2章で、専業主婦から外で働き始めた三浦純子さんの例を紹介したが、純子さんの変化の裏では、「男は仕事」「妻を養えない男は男じゃない」と信じてきた夫の三浦厳さんにも変化が起きていた。その道筋をたどっていくと、男性がなぜ家事をしないのかという疑問へのひとつの答えが見えてくる。そしてまた、家事をしなかった男性が、どのようにして家事に参加していくのかも浮かび上がらせてくれる。

結論から言ってしまうと、厳さんの家事参加は、妻が外で働いてくれることの「おいしさ」を肌で実感した結果だった。

厳さんは、純子さんより四歳下で、純子さんと出会ったころは自動車関連会社の営業マンだった。家計を補うために懸命に働いたうえに、家事も一手に引き受けて苦労する母を見て育った厳さんは、「女性を働かせることは男性としてあってはならないこと」と信じていたという。だから、高校を卒業すると、男性が当然進むべき道とされてきた「サラリーマン」になった。

そんな厳さんが、仕事の関係で、専業主婦こそ女性の幸せな姿と信じながら働いていた純子さんと出会う。二人とも、高度成長期の真っただ中の一九六〇年代に生まれ、その時代精神でもあった「男は仕事、女は家庭」で一致したベスト・カップルだった。

だが、二人が結婚したとき、厳さんはサラリーマンをやめ、大手バス会社の運転手に転職していた。会社員として妻子を養うことが普通の生活と思ってきたが、営業の仕事は肌に合わず、体に発疹ができるなどのストレス症状が出てきていたからだ。社会が求める「当たり前の男性会社員像」に、厳さんの体が反発し始めていたかのようだった。だが、運転手となった後でも、厳さんは「家族のために」と残業を目いっぱい引き受けて働き続けた。子どもが生まれてからは、父親として子に不自由はさせられないと、さらにその度合は強まった。

一方、帰宅が遅い厳さんを待って、孤独な子育てに悩み始めていた純子さんは、女性センターでの受講をきっかけに外で働き始めようと決意した。「ベスト・カップル」の片方は、高度成長期の理想と自らの現実との落差に気づきつつあった。

だが、厳さんは、そんな純子さんの決断に抵抗した。妻子を養うために必死に働いている自分の苦労が、無にされたような気がしたからだ。

孤独な子育てから解放されるための力になった「男女共同参画」や、当時、キーワードになっていた「ジェンダー・フリー」について、夫にもわかってほしいと純子さんは思った。疲れて帰宅して横になっている厳さんに、「ねえねえ、ジェンダー・フリーってね」と、話しかける純子さんに、厳さんはごろりと背中を向け「それって、宗教やがな」と突き放した。妻がいつのまにか自分の知らない世界に行ってしまったというさびしさがあった。だが純子さんは、厳さんの反対に知らん顔で働き始めた。強行突破だった。厳さんは、不満のやり場がなく、壁を拳骨で殴ったこともあった。台所の冷蔵庫の脇の壁には、そのときのへこんだ跡が残っている。

そんな厳さんが、ある日突然、考えを変えた。純子さんが持ち帰った給料明細を眺めていて、純子さんの年収が三〇〇万円ほどに増えていることに気づいたのだった。パートとして働き始めた純子さんは、その働きぶりを認められて正社員になったばかりか、会社に部品を買いに来ていた顧客の自営業主に経理を見てくれるよう頼まれ、収入がぐんぐん伸びていた。「これだけの収入を自分が残業で稼ぐとしたら、いったい何時間残業しなければならないのか」。厳さんの頭に、そんな計算が浮かんだ。なんだ、妻にも働いてもらえばよかったんじゃないかと、必死で残業していた自分がばかばかしくなったという。

それ以前から、厳さんは、「おとなしく会社に従っている社員には残業を優先的にさせて、賃金を増やしてやる」とする会社の労務管理の在り方に、ぼんやりとした疑問を抱いていた。

運転手たちは、妻子のために収入を増やそうと、残業が増えるのを喜んでいた。だが、厳さんの生活はそのために不規則になり、体重は大幅に増えていた。ひょっとしたら健康を害しているかもしれないと、病院に行くのが怖くなり、自分の太った姿を見るのが嫌で、鏡も嫌いになっていた。

「純ちゃんも働いてくれれば、残業を減らせる」と厳さんが自覚したところから、厳さんのライフスタイルが変わった。残業を断り、会社の理不尽な命令には、きっぱりと反論ができるようになった。労働時間が減って体調がよくなり、非番の日には自分に合ったメニューで食事を作るようになって、体重は大幅に減った。増えた家計収入と空いた時間を生かして、スポーツジムにも通うようになった。すっきりした体で、おしゃれを楽しめるようになり、鏡も病院も嫌いではなくなった。

純子さんはすかさず、厳さんと小学生になった娘に、家事の分担を考える家族会議を申し入れた。「私も働いているんだから、私だけが家事をするのはおかしい」と言うと、厳さんは「おれだって、やっている」と言い返した。「それなら、みんなでどんな家事をしているのか調査をしましょう」と、純子さんは会社勤めで身につけた得意のパソコンで、家事分担調査表をつくって配った。

部屋の掃除、トイレの掃除、風呂の掃除、洗濯、洗濯物の取り込み、と家事の項目を並べ、それぞれが、自分の担当したものにマルをつけていく。二、三日の調査で、結果は明らかになった。純子さんの負担の大きさは歴然としていた。これをもとに、再度、家族会議を開き、家事の分担を決め直した。機械的な折半では続かないので、それぞれが、自分が「嫌いではない」家事を選び、ここについては責任を持って分担する方式をとった。家族全員で家事を分担し、妻が稼げる余地を増やして家計収入を上げ、その結果、夫は残業時間を減らせる、という好循環ができあがった。

厳さんは、朝早く起きると、家族全員分の弁当を用意する。職場で「おい、愛妻弁当か」と言われるたびに「おれが作っているんですよ」と言い返す。ほとんどの同僚が専業主婦家庭という職場で、理解者は、労働組合運動にも取り組みながら家事・育児を分担している先輩の運転手だけだ。だが、厳さんはいまのやり方を捨てるつもりはない。多くの男性が、自分にとって本当に利益になることに目をつぶり、社会に順応するためだけに懸命になっていることがわかってきたからという。

「家庭の中で孤独に育児をしていたころは、本当につらかったよ」と純子さんが言うと、厳さんは、気色ばんでやり返す。「おれだって、家族のため、家族のためとせっつかれて、収容所とかに放り込まれて強制労働させられているような人生だったんだぞ」

女性の低賃金が男性の長時間労働を誘い、長時間労働が男性の家事参加を阻んで女性の外での就労を妨げ、それがさらに男性の長時間労働を生む。そんな悪循環を、純子さんの「強行突破」が打開した。厳さんはさらに続ける。「家族を養うためという義務感ばかりで働いていたときは、仕事が好きではなかった。でも自分のために働けるようになったいまは、運転手という仕事が本当に好きなんだと実感している」。お年寄りや妊婦、赤ちゃんを抱いて通勤する父親など、かつてはただの数だった乗客の顔が見えるようになった。営業マン時代のように人間関係で神経をすり減らすのでなく、専門技能を発揮して、乗客を安全に目的地まで運ぶ公共性の高い仕事として、やりがいを見出せるようになったというのだ。

アホウドリのデコイ

三浦さん夫妻の体験を裏付けるかのような調査がある。日本の男性の家事参加の少なさは、「男性が忙しい」からだけではなく、妻の雇用形態や収入に関係があるのではないかと指摘した調査だ。一九八〇年に「男性の育児時間」を求めて結成された「男も女も育児時間を！連絡会」（育時連）が、二〇〇三年、東京都小金井市の二〇〜四九歳の夫婦の妻七九五人、夫一一九二人を対象に行った「男は忙しいから家事できない⁉」と題する調査報告書だ。

調査ではたしかに、夫の労働時間が長いと育児時間は短くなる。「夫の忙しさ」と育児参加への相関関係は認められた。だが、育児以外の家事一般について見ると、夫の労働時間との相関関係より、妻の働き方との相関関係の方が強いことが見えてきた。妻が働いていても、収入が第三号被保険者の要件である一三〇万円以内だったり、短時間労働だったりする夫婦の家事の共有度は、妻が専業主婦の場合と変わらなかった。また、妻がパートタイマーで夫の労働時間が短い場合より、妻がフルタイマーで夫の労働時間が長い方が、家事の共有度は高かったというのだ。

さらに、夫の性別役割分業意識が強くても、妻がフルタイマーなら家事の分担度は高く、夫の性別役割分業意識が弱くても、妻がフルタイマーでないと家事の分担度が低い傾向も浮かんだ。つまり、妻が家計に寄与する割合が高いと、夫の「忙しさ」や「性別役割分業意識」にかかわりなく、夫の家事分担度が上がるという結果だ。

妻の経済力が家事への参加度を左右するというこの調査結果に反するようにも見える主張もある。ワーク・ライフ・バランスなどに詳しい武石恵美子・法政大学教授だ。武石は、「男性はなぜ育児休業を取得しないのか」（労働政策研究・研修機構『日本労働研究雑誌』二〇〇四年四月号)と題する論文で、「男性が育児休業を取得しない理由として、休業に伴い収入が減少するため、賃金の安い妻が休業を取得した方が合理的である、という意見がある。しかし、ニッセイ基礎研究所(二〇〇二)によれば、妻の方が収入が多い場合でも、妻が休業を取得するケースが多く、夫婦間の収入の多寡よりも女性の育児役割から説明する方が整合的である」と述べている。家庭内での家事分担は妻の経済力が左右することが大きいが、会社とのかかわりが出てくる育児休業となると、職場の性別役割分業意識が壁になり、やはり女性が取得するということになるのかもしれない。

三浦夫妻流の新しい豊かさの実現には、妻の低賃金→夫への経済依存→夫の長時間労働→妻の就労困難→妻の低賃金→夫への経済依存、の悪循環をどこかで断ち切る力技が必要だった。三浦夫妻の場合は、純子さんの強行突破で「妻の就労困難」の鎖を断ち切ったことから始まった。調査を行った育時連の男性たちはフルタイマーの妻との共働きという例が多いが、そうしたライフスタイルを貫くために、彼らは、巌さん同様に、職場での孤立と排除を振り切ってこの循環を断ち切ってきた。

同会のメンバーで、創立当時からの参加者である田尻研治さんは、一九八〇年代、「育児スト」でその名を知られた。エッソ石油で働いていた田尻さんは、フルタイムで働く妻を支えようと保育所の送り迎えを分担していたが、そのために会社の始業時間に間に合わず、遅刻となることが多かった。保育所へ送っていく時間を育児時間として認めるよう求めたが、会社は拒否した。これが「スト」の発端となった。

外資系だったこともあり、同社は当時としては女性社員が少なくなかった。これらの女性社員には会社寄りでない少数派労組に所属する例も多く、この労組が育児時間要求に共感して田尻さんの支援に回った。保育所への送りのための遅れが重なれば、遅刻が多いとして解雇理由になりかねない。解雇を防ぐため、労組は、田尻さんだけの問題ではないと、スト権を確立した。労組が特定の組合員にストを指令する指名ストを田尻さんに命じ、保育所への送りにかかった時間を時限ストという形で乗り切った。ストライキを理由にした解雇は違法になるからだ。

当時、この問題を取材していた私は、同社の広報担当に、なぜ育児時間を認められないのかと聞いてみた。広報担当は困惑顔で、「石油会社は、零細な給油所の厳しい労働条件に支えられている。その供給元の会社が飛びぬけて好条件の雇用慣行を導入してしまうと、反発を招くおそれがある」と説明した。男性が育児にかかわる時間を求めることが、社会の規範に反した不公平な行為と受け取られる空気が、いかに強かったかを示すエピソードだ。

田尻さんより一四歳ほど若い世代で、中堅企業の技術者だった神奈川県の松田正樹さんの場合も、職場での陰湿と言ってもいい嫌がらせに遭っている。育児休業法が施行された一九九二年に長男が誕生、共働きの公務員の妻が育児休業を取った。それなら保育所の送り迎えは自分が、と決意した。

「送り迎えのために育児時間を取らせてほしい」と頼み込んだ松田さんに、部長は「そんなに仕事が暇なのか」と言い放った。なおも談判し、賃金カットつきの一時間半の短時間勤務を認めてもらった。だが、同僚からは「妻の尻に敷かれている」と陰口をたたかれ、保育所のお迎えに行かねばならない夕方五時から、意図的に会議を始めるいじわるまで出てきた。絵に描いたような「家事労働ハラスメント」だ。景気の悪化が深刻化した一九九七年には、短時間勤務もついに打ち切られた。

そんな職場に嫌気がさして、松田さんは「専業主夫」の道を選んだ。「私がやめたくなったらあなたに働いてもらうから」との妻の言葉に、救われた。その背中を押したのは、一九九五年、育時連のシンポジウムで出会った田尻さんだった。シンポでの田尻さんの育児ストの経験談に、松田さんは、大きな勇気をもらった。

こうした縛りは、男性たちの内面にもあった。同じころやはり育時連のメンバーだった中山一夫さんは、当時、取材に答えて、「家事は嫌ではなかったが、洗濯物を干している自分の姿を近所の人に見られることが恥ずかしかった」と述べている。転機は、米国に赴任したときに、同じアパートで妻の下着を洗い、堂々と干している米国人男性の姿を見かけ、それが「カッコよく」「男らしく」見えたことからだった。

男性たちの縛りをほぐすには、「妻が働いている家庭はカッコよくて居心地がいい」ことを見せつけることが必要だった。団塊世代前後のメンバーが中心だった当時の同会で、長老格だったますのきよしさんは、一九三六年生まれ。保育士の妻を助けて家事・育児を分担する男性の先駆け的存在で、『〈家族〉ってなんだろう』(現代書館、一九八一年)などの著書でも知られていた。一九五八年生まれで、当時は若手として同会に参加していた太田睦さんは、ますのさんの「おれたちは、アホウドリのデコイだ。育時連は、啓蒙活動でいいんだ」という言葉を、今も覚えている。

「アホウドリのデコイ」とは、実物大のアホウドリの模型のことだ。ますのさんの言葉はアホウドリの研究家、長谷川博が、絶滅しかかったアホウドリの保護のため伊豆諸島の鳥島に「デコイ」を置き、アホウドリたちに、仲間がたくさん来ている安全ないい場所と思いこませておびきよせ、保護と繁殖に成功したというエピソードから来ている。

育時連の男性たちの使命は、家事・育児にかかわると、暮らしが良くなり、妻との関係が上向き、楽しい人生を送れることを証明するモデルになること、つまりデコイとなることだというのがますのさんの論だった。これによって、他の男性たちを「おびきよせ」、日本の男性たちの保護と繁殖を成功させようというのだ。「そうか、あれこれ考えなくても、デコイでいいんだ」と気が楽になったと太田さんは振り返る。

太田さんは、その後、大手電機メーカーの部長となり、妻も職場で活躍を続け、子どもたちは大学生となり、二〇一一年には、趣味のフォークソングについての知識を生かして『ボブ・ディランの転向は、なぜ事件だったのか』(論創社、二〇一一年)を出版するなど、幅広い「デコイ」ぶりを発揮している。

「生産する身体」への規制

横並びに規制されることで生きづらさを増している男性たちに、新しい「居心地のいい場所」を提示しようとする「デコイ」路線は、一九八〇年代、さまざまな形で始まっていた。

一九七六年にビートルズのジョン・レノンが「専業主夫」を始めて話題になり、日本でも、一九八四年に村瀬春樹さんが『怪傑！ハウスハズバンド』(晶文社、一九八四年)を出版して注目を浴びた。村瀬さんには二〇〇五年、主夫時代の体験を取材したことがある。背がすらりと高く、ダンディでトレンディでアイデアマンと、ついカタカナ語を並べて表現したくなるような雰囲気の村瀬さんは、早稲田大学在学時代から反戦映画の製作などにかかわり、妻のフリーライター、ゆみこ・ながい・むらせさんと東京・吉祥寺にライブハウスを開設して注目を集めた。その後に就職した通信販売会社でも、優秀な「モーレツ社員」として業績を上げたが、一九八〇年、ゆみこさんが女性だけが家事を担うことに、怒りを爆発させた。村瀬さんは、男が夢を追う陰で、女は夢をあきらめていると気づいたという。そんないきさつは、「強い男のカッコいい選択」としての主夫像を世に広めた。村瀬さんは、主夫に共通するのは、家族を救おうとする「男の侠気」だと語っている。

同じころ、「帰って来たヨッパライ」などの大ヒットで知られるフォーク・グループ「ザ・フォーク・クルセダーズ」のはしだのりひこも、妻の病気をきっかけに、家事と子育てを引き受けるようになり、「専業主夫」として話題となっている。職業人としても有能な、才能ある男性が、「主夫」というライフスタイルを選ぶ。そうした、究極の余裕としての「主夫」像が、マスメディアを通じて、定着していった。

こうした「デコイ」作戦は、一九九九年、当時の厚生省が育児への男性の参加を呼びかけたポスターで、ひとつの頂点を迎える。このポスターは、歌手、安室奈美恵の夫だったダンサーのＳＡＭを起用し、「育児をしない男を、父とは呼ばない」の標語によって、父親像の転換を強く訴えたものだった。

ポスターは、激しい賛否を巻き起こした。蔵相経験もある政界の重鎮で、当時の自由党幹事長だった藤井裕久議員は、「男にも都合があるのに育児をしない母親に乗せられたキャンペーンは軽薄だ。（小沢一郎）党首も怒っている」（一九九九年四月一三日付『読売新聞』）として厚生省幹部に抗議を申し入れる意向を表明し、育時連は、これを批判する公開質問状を送っている。

「父の背中を見せる」が男性の子育ての理想形とされ、「男は黙って」働くことが家族への貢献とする空気が一般の人々の間では、まだ極めて根強かった時代だ。そうした中で、中央官庁が「育児する男」をはっきり打ち出したことは、ある種の革命でもあった。

しかし、ふとわれに返ってみると、たかが、自身の肉体を保ち、子どもを育てるための基本的な行為にすぎない家事労働への男性参加に、なぜ、これほど大仰な「デコイ」の山を繰り出さねばならなかったのか、不思議に思えてもくる。

そこには、明治維新後の近代国家を形成するため、執拗に、時には暴力を伴って繰り返されてきた男性の身体の管理の歴史がある。

澁谷知美の『立身出世と下半身』は、男性の身体を「生産性を上げる」ものに作り替えるため、性欲や恋愛などの再生産的側面を抑圧していった明治期以降の男性の身体管理の道筋を、青年教育の具体例を引きながら詳細に追っている。

同書では、明治期、男子学生に対し、立身出世して国家に尽くすために、若者は性欲を抑えて、勉学に勤しめと教える教育が定着していったこと、そのための脅しとして「花柳病」といわれた性病への恐怖を植え付け、さらに、高等学校の入学試験や徴兵検査などで、「M検」という性器を露出させて行う性病検査を実施することで、男子学生に「性的身体の自己管理」を促したとしている。

こうして、若いうちは禁欲(再生産性の抑圧)をして立身出世(生産性を上げる存在)への関門をくぐり抜け、出世を果たした後は「子どもを産ませる性」として性欲を解放させるのが、期待される男性像とされていく。ここで注目されるのは、男性は単に、再生産性を抑制するだけではなく、出世のためになる性欲はOKというメッセージも同時に発せられたという点だ。できる男、モテる男は性欲がある、または、性欲を満たすことで生産性が上がる、というメッセージだ。これを澁谷は、「再生産領域の生産領域への従属」と呼んでいる。こうして、男性の身体は、あらゆる労働や羞恥に耐えられる鋼鉄の機械のようなものだと意味づけられる。

ここでは、再生産領域は、あくまで生産のための道具にすぎない。家事労働の軽視、蔑視は、こうした近代国家の基盤でもあった。二〇一三年五月二二日付『朝日新聞』の投書欄には、「慰安婦は他民族蔑視の制度」とする旧陸軍二等兵だった八七歳の男性の投書が載っている。ここでは、「(従軍して)一番驚いたのは、階級が上の朝鮮人兵士が、我々日本人新兵のふんどし洗いなど、身の回りの世話をしてくれたことだった。そうしないと、日本人の古参兵から殴られるのだ」と書いている。衣類の洗濯など身の回りの世話(つまり家事労働)が、「蔑視」されている非植民地国の兵士の仕事に割り振られていたということは、再生産労働への蔑視の表れでもある。

こうした発想は過去のものではない。二〇一三年、橋下徹・大阪市長は、米兵の暴力防止のため「風俗の活用」を提案したが、この発言は、軍事という大義(=生産労働)の遂行のためには、再生産労働(=風俗業)を調達することは必要なことだという再生産労働の従属と蔑視に貫かれている。「近代国家」になるために男性の身体をも抑圧し、資源化していった大きな歯車は、戦後の日本の経済成長にもフルに威力を発揮し、今も健在だ。

たとえば、女性と対等につきあえる自然体で等身大の人生を目指す新しい男性像を「草食男子」の言葉で表現した深澤真紀さんは、「本来プラスの意味で使ったこの言葉が、マスメディアで流布される過程で、気力がない男、恋愛もできない男、といったマイナスイメージにゆがめられてしまった」と指摘する。「草食系が増えたから海外留学に行きたがる若者が減った」といった草食系を揶揄する記事が、執拗に大手紙や雑誌に掲載され、深澤さんはそのたびに「草食系とは別の理由では」と抗議してきたという。産業構造の変化の中で、すでに「妻を養え」なくなり、女性と協力して家計を維持することが必要になっている若い男性たちはこうしたからかいと歪曲によって、変化に見合った男性像への道をもふさがれつつある。第2章では「夫は外で働き、妻は家庭を守るべきだ」に賛成の比率が若い女性たちの間で増えていると述べた。その比率は、実は同世代の男性の間でも、前回調査より二〇ポイント以上増え、五割を超えた。

だからこそ、こうした歯車を逆回しするために、あれほどの多数の「デコイ」が繰り出され続けなければならなかったのだ。

「イクメン」ブームと新自由主義

たしかに、「デコイ作戦」は、それなりに成功し、家事蔑視の思想は、特に若い世代の男性の間では、かなり塗り替えられた部分もある。パナソニックが二〇一二年、二〇~三〇代の既婚男女を各二〇〇人と、四〇代以上の既婚男性一〇〇人を対象に行った「男性の家事についてのアンケート」では、四〇代以上で「家事に興味なし」が過半数を占めたのに対し、二〇〜三〇代の男性のうち「家事に関心がある」は六割に達している。

だが、男性の家事・育児推進の動きは、実は厚生省のポスターが論議を呼んだ一九九九年前後を境に、静かに変質していく。バブルの崩壊や、一九九七年のアジア通貨危機などを背景に長期の不況が始まり、二〇〇〇年初めの小泉改革に至る過程で、企業の労務管理が転換し、新自由主義が隆盛を迎え始めたからだ。

二〇〇五年、専業主婦から地域誌のフリーライターに転身した女性に取材をしたことがある。一九九〇年代に外で働き始めたというこの女性は、「最近、夫がちっとも家事をしてくれなくなった」と嘆いた。彼女が働き始めたころは子育てにも協力してくれたのに、近頃は帰りも遅く、休みの日も一日寝ているという。小児ぜんそくの子どもの発作を恐れて一人ではらはらしながら、彼女は毎日、家事と仕事の両方をこなし、疲れ果てていた。「夫は会社人間に戻ってしまったんです」と、涙ぐむ彼女に、私は「違うと思う」と言い返した。

一九九〇年から九三年まで、「過労死時間」ともいわれる週六〇時間の境を超えて働く男性の割合は下がり続けている。こうして男性が家庭に戻れる土壌がようやく整い始めたかと思われた矢先、九〇年代半ばから長時間労働の男性の割合は上昇に転じ、小泉政権が誕生した二〇

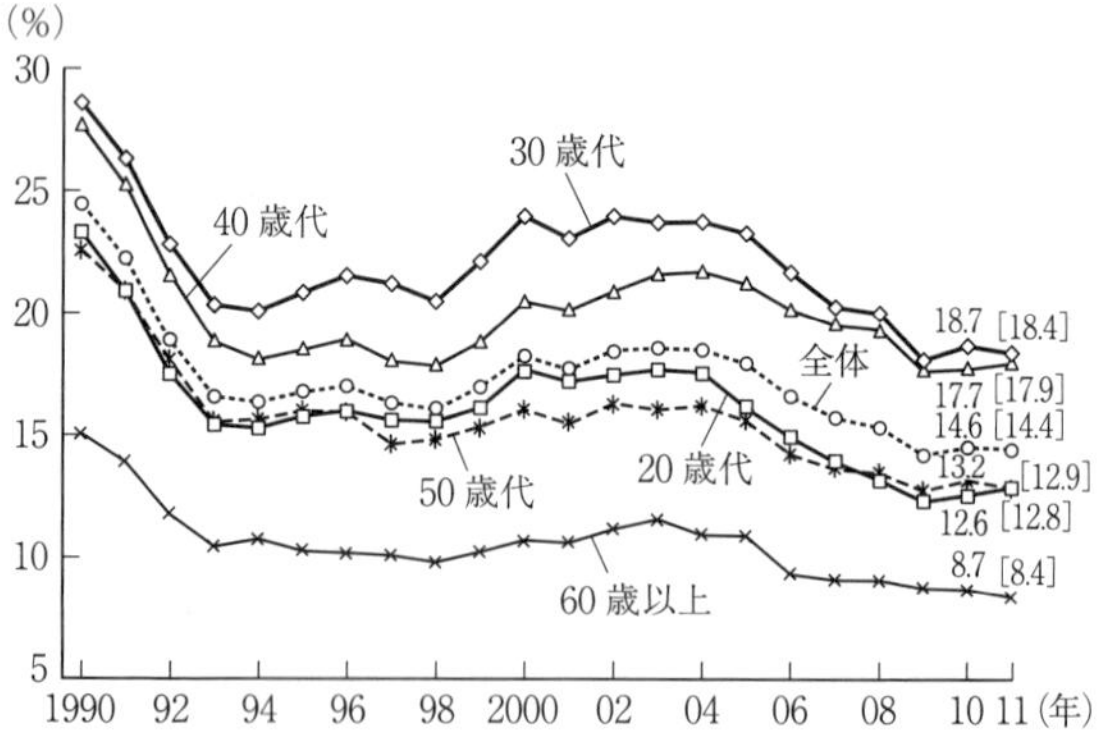

(注 1)数値は，非農林業就業者(休業者を除く)総数に占める割合.
(注 2)2011 年の[　]内の割合は，岩手県，宮城県及び福島県を除く全国の結果.
(資料)総務省「労働力調査(基本集計)」により作成.

図表 4-2　週労働時間 60 時間以上の就業者の割合(男性・年齢別)

〇一年前後はピークに達している(図表4−2)。一九九五年に当時の日経連が発表した「新時代の「日本的経営」」路線の下で低賃金の女性パートや派遣社員が増える一方、正社員を極力絞り込んで長時間働かせる企業が拡大した。特に三〇代、四〇代男性の労働時間は、リーマン・ショックが起きた二〇〇八年まで高水準で推移し続けた。そんな中で彼女の夫も、「家事・育児に参加しよう」といったん切り替えた意識を再びねじふせるようにして、長時間働き続けるしかなかったのに違いなかった。

「おつれあいではなく、たぶん会社が変わったんです。よく事情を聞いて、話し合った方がいいですよ」と言い置いてから一週間。

取材内容の確認のため彼女の家に電話すると、電話口に夫と思われる男性が出た。「妻に話してくれて、本当にありがとうございました」と、深々と頭を下げるような口調で、彼は言った。

二〇〇五年、マクドナルドの店長だった高野広志さんが、店長は管理職だからと残業代なしで長時間働かされたとして、会社を相手取って未払い残業代を請求する訴訟を起こした。背中を押したのは、毎日、深夜にならないと帰れず、親しい人の葬儀にも参列できなかった父親に息子がぶつけた「お父さんは僕たちが死んでも仕事に行くんだね」の言葉だったという。長時間労働のため健康も家族も失いかけていると語った高野さんの姿は、ようやく家族に目を向け始めたとたん、またしても会社へと押し戻されつつある日本の男性たちの苦痛の象徴のように見えた。

「国家に尽くす生産性の高い男性」の鋳型をつくってきた国家主義は、「デコイ」の活躍でいったん、なりを潜めた。だが、グローバル化を生き抜くための「生産的な男性」を求める新自由主義の文脈の中で再生され、家庭に戻ろうとした男性たちを迎え撃ったのである。

そんな新自由主義の下での働き方の劣化には批判も高まり、二〇〇七年一二月、経済界は、連合や政府との三者で「ワーク・ライフ・バランス憲章」を発表して仕事と生活の調和の必要性を打ち出した。これに先立つ二〇〇六年、父親の育児参加を支えるＮＰＯ「ファザーリング・ジャパン」も設立され、男性の家庭回帰は再度、脚光を浴びたかに見える。

だが、ここでも、一見、再生産の再評価を試みながら、「生産のための身体としての男性をより生産的にする」という論理はなお、消えていない。たとえば、ファザーリング・ジャパンのホームページでは、「よい父親ではなく、笑っている父親を増やす」として、育児の楽しさを父に広げることを掲げている。だが同時に、次のようにも語りかける。「少子化先進国のカナダでは「父親支援」が政府プロジェクトとして推進され、いまやほとんどの企業は男性の出産・育児休暇を認めています。男性社員が、家族との時間を確保するのに早い時間に退社しても、上司にも同僚にも不誠実だとは思われません。それは「家庭での役割を担っている男性社員ほど、労働者としての生産性も高い」という企業を対象にした調査結果を基にした共通認識があるからです」

労組の組織率が一八%にまで落ち込み、かつての総評婦人部のような女性のための大きな労働センターも姿を消したいま、「企業の労働時間短縮」を求めて要求の旗を振る社会的勢力は弱まっている。大手企業のグローバル化で出身国に利益を環元しようとする動きも鈍り、公的資金の支出による社会サービスの充実を求める勢力も弱い。そんな中では、企業活動との妥協なしでは男性の家事・育児への参加を推し進めることは難しい。働き手の人権としての再生産分野の評価を進めたくても、戦略的には、「生産する身体」の強化に役立つものとしての再生産分野の再評価（＝再生産領域の新たな従属）を押し出さざるを得ない状況が生まれている。

「イクメン」ブームにも、似た危うさがある。労働時間の短縮が進まず、保育や介護リービスの整備も遅れ続ける中で、女性の労働力を引き出すために残るリソースは、夫の育児参加だ。そんな中で、育児をするカッコいい男としての「イクメン」像は、新しい「デコイ」として注目を集めている。だが、藤井発言に公開質問状を出すなど、政策要求も活発だった一九八〇年代から九〇年代の男性の育児時間要求運動とは異なり、現代の「イクメン」は、個人の甲斐性と能力頼みだ。

今は部長となったかつての育時連メンバーの太田さんに、部下の「イクメン」度を聞いてみた。太田さんの職場は研究部門で、時間より価値の高い成果が求められる。もはや残業は評価の対象ではなくなったと太田さんは言う。それでも残業をやめられない社員はいる。長く働くことが会社への貢献だという従来型の発想を転換できなかったり、効率的な仕事の仕方を身につけられなかったりする人々ではないかという。たしかに、長時間労働を「生産する身体」の指標とする時代は、終わりかけているのかもしれない。むしろ、効率的に要領よくパフォーマンスを上げられる「新しい生産的身体」がこれにとって代わり、これに対応できない働き手は、

「イクメン」にもなれず、残業規制は相変わらず緩いままの職場で、長時間労働にすがって必死に「能率の低い自分」をカバーしようとし続けているのかもしれない。

二〇一三年四月一七日放映のＮＨＫの番組「あさイチ」では、「イクメンもどき」が特集されていた。人前では子育てに熱心なふりをして称賛を浴びようとする一方で、家庭内では子どもは妻任せでテレビを見ているだけのパパの姿が紹介されていた。「イクメン」頼みの女性活用作戦の中で、「イクメン」こそが「生産的な身体」であるという新しい男性管理が生まれているのではないか。だからこそ、「イクメンもどき」があちこちに生まれつつあるのではないか。ひょっとしたら、「イクメン」であるかどうかの問いは、今や新手の「Ｍ検」として機能しているのでは？　そんな妄想が頭をかすめて、あわててテレビを切った。

シングルファーザーのつぶやき

「イクメンって、妻を手伝う男ってことでしょう。お手伝いであるうちは、本気じゃないから社会を変える力になりません。本当のワーク・ライフ・バランス社会に変えるには、父子家庭のフィルターを通して男性社会を変えていくことが必要なんです」

「イクメン」ブームへの漠然とした懸念を抱え始めていた二〇一三年三月、序章で取り上げた被災下の父子家庭の困難についての取材の中で、そんな言葉が私の胸に突き刺さった。冒頭の被災地での家事労働をめぐる章で紹介した村上吉宣さんの言葉だ。

シングルファーザーは、自力で仕事と家事をこなさなければならないから、両立ができる社会システムなしでは、生きていけない。「イクメン」になって褒められる程度で満足されては困る。そんな思いがこもった言葉だった。

村上さんは、二〇〇三年に離婚して父子家庭になる前は、実は専業主夫だった。故郷の宮城県から東京に出て、宝飾店の営業をしているうちに妻に出会い、二二歳で結婚して仙台に戻った。妻は翻訳や通訳、秘書などをこなす、有能な派遣社員で、一時は月四〇万～五〇万円の収入があった。村上さんは、そんな妻が仕事に専念できるよう、自宅近くでパートタイマーをしながら育児と家事を担当することにした。シングルマザーの息子で、母親が働くのは当たり前と思っていたから、男女のどちらが働いてもいいと思っていた。だが、やがて妻がうつ病を発症し、離婚したいと言い出した。子育てをほとんど担当してこなかった妻は、親として自信がないと言った。子どもは村上さんが引き取ることになった。

ところが、子育てをもっぱら担当していた村上さんには就職に有利な職歴がなかった。妻の家庭内労働を前提にしている社会では、子どもを育てながら働ける男性向けの求人は少なく、村上さんはアルバイトを昼夜こなして生計を維持しようとした。だが、息子が白血病を発症したのを機に、それも難しくなった。そんな中で、生活保護を受給しながら父子家庭の父たちの支援や相談に奔走するようになる。子育てしながら働く親のための支援を求めに県の男女共同参画課などに出かけたが、男性だったため、悩みを理解してもらえなかった。

妻の例を見れば、女性でも子育てをしていなければ、育児のスキルは培われないことがわかる。一方、自分は男性でも、家庭にいて仕事のスキルが形成されず、子どもの世話に足を取られて就職先がみつからない。だから、必要なのは女性だけを対象にした「母子家庭支援」ではなく、父子家庭も含めた「ひとり親支援」なのだと村上さんは言う。

男性が外で長時間働き、女性が家庭で家事万端を行ってやっと子どもを養える今の仕組みでは、ひとり親は男性であれ、女性であれ、生きていくのが難しい。「妻の手伝い」としての男性の育児参加ではなく、また、生産性を上げられる社員になるための育児参加でもなく、どんな家族形態でも、男性でも、女性でも、子育てしながら働きやすい労働環境へと社会を転換させることこそが急務なのだと、村上さんはいま、考えている。

第5章

ブラック化するケア労働

第4章から見えてきたのは、生産労働に従事する男性の身体は「働く機械」としてつくられたものであることだ。この身体は、教育や労働慣行そして、家事に携わろうとする男性への蔑視や男性グループからの排除といった一種の暴力によって家事などの再生産労働にかかわることを妨げられてきた。しかも、機械であることが「男らしさ」や「女性への優位性」の証拠と思い込まされるため、男性は自発的に機械となり、生身の身体を壊す働き方へと自分を駆り立てていく。一方で、家事や子育て、身体の再生などの「再生産労働」は、生産労働に奉仕する従属労働として女性に割り当てられ、低い価値を与えられる。

しかしいま、再生産労働は家庭の外の仕事として、多くがサービス産業化されつつある。その中で、新しい現象が起きている。「女性の活躍」の名の下に、「働く機械」としての酷使が女性にも及び、同時に「女ならだれでもできるタダの仕事」という従来の家事への蔑視と偏見を利用して、男性が行うものも含めたケア的労働の買いたたきが強まっているからだ。「機械としての身体による低賃金ケア労働」が、そこに生まれる。

死を招いた調理業務

大手居酒屋チェーン「ワタミフードサービス」の二六歳女性社員の死は、そのひとつの例だ。女性の遺族を支援してきた東部労組などの資料からは、女性が死に至るまでの次のような過酷な労働状況が浮かんでくる。

女性は二〇〇八年、同社に入社し、月一四〇時間の残業の末、二カ月後の同年六月、二六歳で自殺し、二〇一二年、労働災害として認定された。入社した後、一週間の座学研修を経て店舗で働き始めたが、遺族が会社に求めて提出させた資料で、一五時間勤務のシフトでも三〇分間の休みしか予定されていなかったことがわかった。また、開店一時間前の午後四時から閉店三〇分後の午前三時半まで、閉店が午前五時のときは午前五時半まで、ほぼ毎日一二時間前後の勤務をこなし、その間に客に提供するメニューの大量の調理も、研修なしで担っていたという。仕事が終わる時間には終電もなくなっているため、始発まで待たなければならず、拘束時間は実働時間以上に延びる。最大で七日連続の勤務もあり、休日や勤務終了後のレポート書きや研修会、ワタミが経営する介護施設などでのボランティアと呼ばれる活動に追われ、極度に疲労がたまっていたとみられている。

女性が手帳につけていた日記には、亡くなる前、「体が痛いです。体が辛いです。気持ちが沈みます。早く動けません。どうか助けて下さい。誰か助けて下さい」との記述があった。

これについて、会社側は「労災の決定は遺憾」との声明を発表、当時の渡辺美樹会長は、労災認定の報道後に「労務管理できていなかったとの認識は、ありません」とツイッターでつぶやき、批判を浴びた。

日本の「正社員」が、会社の命令ひとつで、会社のコマとして転勤や残業を引き受けることが要件とされている存在であることは、これまでも述べてきた。ただ、これらの極端な高拘束や身体の機械化は、「終身雇用」などの高い雇用保障との引き換えがあったからこそ、働き手からもそれなりに受け入れられてきた。

ワタミの例は、こうした高い拘束や身体の機械化を、従来のような高い雇用保障との引き換えではなく、レポート書きや研修会による洗脳的教育によって進めるビジネスモデルの横行を示している。しかも、ここで行われる調理や接客などは顧客の身体の再生産を担う「家事的労働」だ。このため、「家庭内でタダで担われている労働」「家族の必要があれば、無限に提供される労働」の延長とみなされがちで、とりわけ買いたたきの対象にされやすい。働き手の賃金が下がり続ける中で、こうしたサービスに支出できる余裕もなくなり、その傾向は一段と強まる。こうした条件下で、極限までの身体の機械化と、家事労働の無償イメージの組み合わせが、大きな威力を発揮することになる。渡辺会長の「労務管理できていなかったとの認識は、ありません」との主張は、ウソではなかったかもしれない。こうしたモデルにもとづいた労務管理ができていたからこそ、過労自殺は起きたといえるからだ。

牛丼チェーン「すき家」を経営するゼンショーの労務管理からも、似たようなビジネスモデルが見えてくる。二〇一〇年九月二〇日号『日経ビジネス』は、「外食日本一　ゼンショー」と題する特集で、同社の小川賢太郎会長兼社長が全社員に配っている『ゼンショーグループ憲章』という小冊子の内容を紹介している。憲章には、「商談は三十分」「歩くときは一秒に二歩以上」、牛丼の具材をよそうときは「左手で丼を取り、右手でよそう。この際、足を一歩たりとも動かしてはならない」など、立ち居振る舞いまでが細かく規定されているという。

新入社員は四月から「ブートキャンプ（米国の新兵訓練プログラム）」と名付けた合宿に送り込まれ、「学生時代の誤ったリーダーシップ観を徹底的に否定する」ことを目指して、憲章への絶対服従がたたき込まれるとされている。まさに、身体の機械化だ。

だが、こうした「機械化」には、生身の身体の従業員から反発が起きることになる。二〇〇八年、同社で働くアルバイトら三人が未払い残業代を支払うよう求めて労働基準監督署に駆け込み、個人加盟の首都圏青年ユニオンに加入した。会社側は、団体交渉を拒否した。事態は訴訟合戦にもつれこんだが、結果として会社側が解決金を払って団体交渉拒否を謝罪し、会社側の完敗の形で和解になった。こうしたビジネスモデルは、その標的にされた若者たちの間で、インターネット上で「ブラック企業」と呼ばれるようになり、広く知られるようになっていく。

家族介護の延長

「働く身体の機械化」と「無償の家事のイメージ」を組み合わせたブラック企業的ビジネスモデルは、大手外食産業だけではなく、同じく家事労働の家庭外でのサービス産業化といえる福祉産業にも浸食している。

二〇〇〇年にスタートした介護保険は、国による受動的な「措置」から、市民が主体的に参加する「契約」へ、を旗印に掲げた。「自宅で人生の終わりを迎えたい」という高齢者の切実な願いをかなえることも謳い、施設介護から在宅介護へのシフトを目指したともされる。だが、その際の人件費の設計は、無償の家族介護の延長のような低報酬を基盤にしていた。

二〇〇二年冬、介護保険導入後初の介護報酬改定案の答申を前に、私は訪問介護者の人々を取材して歩いた。介護報酬が低すぎて経済的に自立できないという声が、導入二年目で、すでに上がり始めていたからだ。

都内の介護NPOで働いている二九歳の訪問介護者の女性は、マスメディアが繰り返す「二〇〇〇年は介護元年」とのスローガンにひかれ、四年間勤めた会社を二二歳でやめて専門学校に入学、社会福祉士の資格を取って、介護業界に就職した。「座って書類とにらめっこしている事務職に比べ、お年寄りとの心の通い合いがある人間相手の仕事の方が心の張りがある。やりがいのある仕事だと思っている」と元気に語っていた彼女の顔が、将来の生活の話になると、急にかげった。

「今は両親の家から通っているので家賃がいらないし、独身で自分の生活費があればやっていけるのでなんとかなっている。だが、将来はどうなるかわからない」と言うのだ。

当時の介護ヘルパーの報酬額は、おむつ交換や食事介助など介護される人の身体に直接触れて行う身体介護が一時間四〇二〇円、掃除や洗濯、調理など、それ以外の日常生活を支援する家事援助が一五三〇円、この中間の複合型が二七八〇円とされていた。一時間一五〇〇円台から四〇〇〇円台の介護報酬額は一見高いように思える。だが、ここから施設運営の経費も出さなければならないため、この女性に渡る時給は家事援助だけだと八〇〇〜九〇〇円台だった。事務所に戻った後で介護記録をまとめていると、一日八時間を超えて拘束されることもしばしばだった。だが、これらのまとめの時間や、訪問介護の家庭から家庭の間の移動時間は、介護報酬の対象にならない。このため、一件につき二時間の介護で三カ所回っても実働の六時間分しか支払われず、月給は一〇万円程度にしかならない。時給一二〇〇円とされていた身体介護だけを引き受け、一カ所三〇分、移動時間五分、といった効率のいいシフトを組めれば、月二〇万円を超すこともできるが、利用者が近隣に集中しているとは限らない。そもそも家事援助は、利用者の健康状態に合わせたメニュー設計など、専門的な判断が必要で、介護の重要な一環だ。にもかかわらず、「介護」と「家事」を切り離し、家事を低い時給に設定してある。この点も、介護の実態に合わない価格設定だと彼女は感じていた。

介護プランをつくるケアマネージャーには、介護保険から報酬が出るが、在宅介護の要請に合わせて細切れのシフトをうまく組み合わせるシフト表づくりなどは報酬の対象にならない。介護と介護の間の「隙間時間」を使って対応しろということになる。「専門性は評価されない。家庭内の女性がやってきたため、女ならだれにでもできる仕事という位置づけとしか思えない」と、彼女は納得できない表情だった。

そんな疑問の声を何人もの訪問介護者から聞いて、厚労省に取材の電話を入れた。介護労働者への報酬水準は、なぜ低いのかを直接、聞いてみたかったからだ。電話口に出た担当者は、「介護報酬の水準は低くありません」と言った。介護保険制度が始まる前の介護事業所の平均値を目安にはじき出したもので、事業者はこれで何とかできていた、というのだった。

介護保険導入以前の家庭介護は、「嫁」の無償労働を前提としており、介護のための付き添い労働者の賃金も、これに添って低く抑えられがちだった。主婦ボランティアによるＮＰＯが活躍している先進的な地域もあった。これらの「嫁」や「主婦ボランティア」の背景には、安定雇用と世帯全体をカバーできる賃金を保障された「サラリーマン」の夫たちの存在が暗黙のうちに想定されていた。地域の介護労働は、女性ならだれでもできる癒しの仕事とみなされ、「夫の収入があるから安くても大丈夫」という観念に支えられていた。私が出会った主婦ボランティアの中には、「介護労働」と呼ばれることを嫌がる人もいた。それは「奉仕」だったり、「市民活動」であったりするもので、「労働」ではないというのだった。しかし、それでは安定雇用の夫を持たない女性は、介護の仕事につけないことになる。

大阪府立大学教授の伊田久美子さんは一九九〇年代、子どもの保育所で時間外保育を担当しているアルバイト保育士の時給をめぐって、常勤保育士や他の保護者らと、行政との交渉に出向いたことがあるという。当時住んでいた自治体の基準では、アルバイト保育士の時給がマクドナルドのバイトより少し下という低賃金だったからだ。その際、行政の担当者はこう言った。

「普通の主婦がタダでやっているような仕事にそんなにたくさん出せませんよ」

多くの子どもをみる保育の仕事は熟練が必要な専門性の高い仕事で、家庭での保育とは異なる。これを無視した発言の問題性は大きいが、一方で、家庭の育児がきわめて低く評価されることについては議論にならなかったことも印象的だった、と伊田さんは回想している。

介護の場合も同様に、まず家庭内の介護への評価が労働実態とかけ離れた低さであり、さらに、専門性が必要な介護士の賃金が、これに引きずられて抑えられてきた。介護保険制度は、こうした待遇を是正してくれるのではないかという女性たちの期待は、介護報酬の設定の低さによって裏切られることになった。そこには、利用者の利便への視点はあっても、「嫁労働」を改善し、女性に経済的自立ができる職業を保障していくという視点はほとんど見えなかった。

最低賃金だけが歯止め

介護保険が、国に規制された硬直したサービスからケアを解放し、サービスを受ける人々に見合った多様な介護の可能性をもたらした点は大きい。だが、働き手の経済的自立の視点は置き去りにされてしまっていた。

介護報酬については、しばしば訪問介護報酬の安さが指摘される。これに加え、介護保険導入後に福祉施設職員の賃金も下落傾向をたどったことについて指摘するのは、福祉施設職員の労組づくりに力を入れてきた札幌地域労働組合の鈴木一書記長だ。鈴木書記長によると、介護保険開始前までは、特別養護老人ホームの職員の給与は措置費制度の下に置かれ、社会福祉法人の職員は、公務員の八掛け、七掛けなど、公務員に準じた給与体系とされていた。そのため、毎年約三〇〇〇～六〇〇〇円の定期昇給が実施され、さらに人事院勧告で改善があれば、自動的に社会福祉法人職員の給与も上がった。だから、この業界では、一人暮らしの女性が自力で住宅ローンを組む例も、結構あったというのだ。だが、介護保険制度の導入によって、この歯止めがなくなった。それ以外の賃金の歯止めとしては、日本では、労組による賃金交渉か、良心的な施設の努力か、生活できないレベルといわれる最低賃金しかない。鈴木さんは介護保険施行前後、福祉関係の雑誌に掲載された介護保険関係の座談会で、厚労省の幹部が、施設経営者団体の幹部に対し「これからの介護労働者の賃金は施設次第。しっかり儲けてください」と冗談を飛ばしているのを読んだ。「ああ、好きなように下げられることになったんだなと思った」と振り返る。

ＩＬＯでは、賃金の評価方法について「分析的職務評価」という手法を提唱し、欧米では「同一労働同一賃金」や「同一価値労働同一賃金」の「同一」の基準としてこの評価方法による比較を採用している。この評価は、スキル、責任、労働環境、負担度という四つの客観基準で労働者の職務を分析して評点をつけ、評点ではさほど差がない仕事の間で賃金に差がありすぎる場合はその妥当性を問い直すという手法だ。カナダでは一九八〇年代、消防士など男性が主に従事する公務職と、図書館司書など女性が主に従事する公務職の賃金格差を、この評価によって是正した例もある。

最近では、ケア労働などでの「感情労働」の重要さも注目されている。この概念を取り込んでＩＬＯの職務評価方法で評価すれば「無償の家事の延長」として低く抑えられがちだった福祉労働を、より正当に評価できる可能性がある。「感情労働」とは、社会学者Ａ・Ｒ・ホックシールドによる用語で、顧客に特定の精神状態を創り出すために、自分の感情を調整することを職務にする人々が行う、精神や感情による労働のことだ。航空機の客室乗務員から販売員まで、サービス産業では重要な労働だが、筋肉労働に比べ、その技能や負担の重さは見過ごされがちだった。最近ではケア労働を中心に、感情労働の価値を、賃金評価に盛り込む動きも目立ってきたが、日本ではこうした評価も整備されていない。こうした中で、介護保険制度開始以降、「女性が家庭内でタダで行う仕事」というケア労働への偏見を押し返す規制が事実上なくなり、福祉施設の職員の賃金下げが急速に進んだと鈴木書記長はみる。

流出する働き手

賃金ばかりではない。介護労働者の労働組合が都内で開いた交流会では、介護労働者が訪問先から「ウチのトイレを使うな」と言われ、万一に備えて紙おむつをあてて介護先を回っているという訴えも聞いた。

デンマークに在住し、同国の福祉に詳しい小島ブンゴード孝子さんによると、デンマークの場合は、在宅介護を開始する際、責任者が訪問介護者に同行し、「この家は利用者にとっては自宅だが、訪問介護者にとっては職場」と説明し、働きやすいように家具を移動したり、ときには手の荒れを防ぐため、洗剤を変えてもらったりして環境を整えたうえで訪問介護を開始するという。だが、日本では、「労働者」としての環境整備の発想がなく、「嫁労働」の延長としての働き方が放置され、トイレを使うなという人間の生理を無視した「嫁いびり」のような行為も招いているといえそうだ。

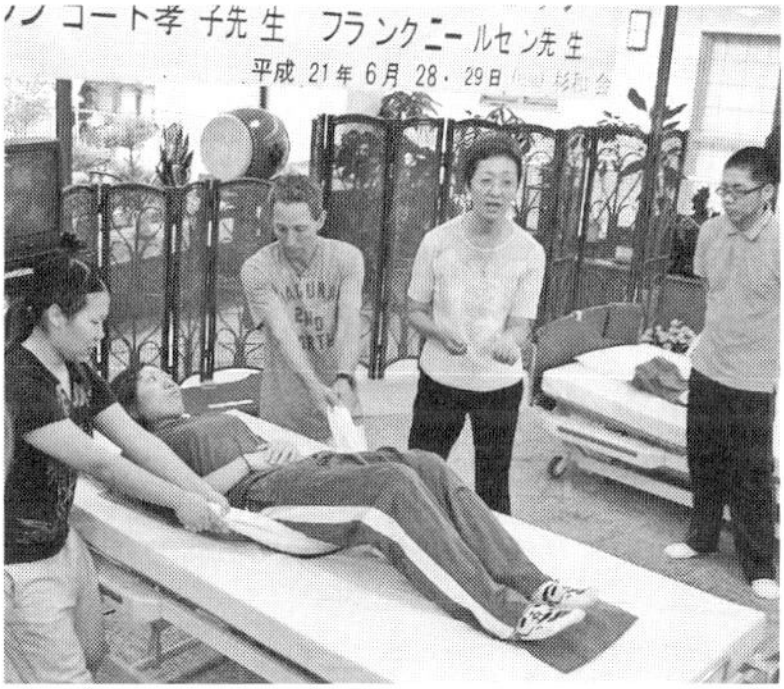

デンマークからトレーナーを招いて日本の介護施設で腰痛の防ぎ方の講習を行うブンゴード孝子さん(右から２人目).

ブンゴードさんは、そんな日本の介護労働の現状に危機感を感じ、腰痛防止を入り口に、国内の福祉関係者に講演して回っている。デンマークでは一九八〇年代、高齢化が進んで介護労働者の負担が強まり、ストレスや腰痛で欠勤率が急増した。正規雇用の公務員なので、欠勤率の増加が人件費負担と財政の悪化に直結し、労働環境の改善が急務になった。

たとえば、同国の労働局の指針には、持ち上げ制限重量が明記され、水平方向の移動ができない場合はリフトが義務づけられる。一方、日本では、「機械を使うのは冷たい」と、働き手の奉仕に過度に期待し、労働者としての権利がないがしろにされがちな状況が腰痛の頻発を招き、腰痛による早期退職が介護者の熟練を妨げてもいる。腰痛対策にとどまらず、働き手の人権に配慮した介護の場づくりこそが、利用者の人権が保てる介護の土壌をつくるとブンゴードさんは言う。

そんな働き方の中、介護労働からの脱出者の続出が話題になり始めたのは、二〇〇五年ごろからだ。当時、知人のシングルマザーが、苦笑気味に「最近、シングルマザー仲間で、介護職場からスーパーのレジ打ちに転職する人が結構いるのよね」と言う。パート労働者の時給も、夫の扶養を前提にして最低賃金水準に張り付いてはいる。だが、スーパーのレジ打ちは拘束時間に応じて賃金が払われるため、労働時間を延ばせば確実に収入増につながる。ところが、介護労働は、移動時間に賃金が払われないなど、働いた時間と賃金が連動しないことが多い。利用者に高齢者が多いため、亡くなると仕事が減って減収になる不安定さもある。子育てのための安定した収入と労働時間が必要なシングルマザーには、向かないというのだった。

同じころ、三〇代の男性介護者からも、「仕事は好きだが、結婚して妻子を養うとなったら転職せざるを得ない」という悩みを聞いた。身体を使う仕事が好きで人材会社の営業担当から転職したというが、男性が家族全員の生活費を調達する役割を負わされている日本社会では、妻子ができたら介護の仕事は安すぎて続けられない。「男性の結婚退職」が必要な業界だというのだ。

利用者にしわ寄せ

こうした介護労働者の労働条件は、利用者にも大きな負担をもたらしている。

二〇一三年、東京都内の都営住宅に住むミチコさんは、介護保険による訪問ヘルパーをすべて断った。脳性マヒがあり子どものころから足が不自由だったが、父母の懸命の支援や薬剤による治療で歩けるようになり、美容師として働いていた。だが、三六歳のとき、倒れた母の看病による過労で倒れ、その後、両親にも先立たれ、障害年金などを頼りに、六二歳のいま、自宅で車椅子の一人暮らしを続けている。

訪問ヘルパーを断ったのは、希望するサービスをしてくれないばかりか、心を傷つけられる言動があまりにも多かったからだという。近所の親しい人が亡くなり、弔問に行きたいと付き添いを頼むと、「介護保険の対象ではないので無理」と言われた。身体介護の一環とも思えるポータブルトイレにたまった小水を捨てる作業まで「介護保険の範疇ではない」と断られ、「プラスアルファの料金を払えばやってあげる」と言われた。

特に問題だったのは、なぜサービスができないのかを、ケアマネージャーも、やってくるヘルパーたちも、まともに説明できなかったことだった。理由を聞いても「役所が厳しい」「違反すると営業停止になる」と言うだけだった。テレビをつけて見ているだけでほとんど仕事をしない人や、テープで封印した段ボール箱まで勝手に開けて中身をのぞく人、室内に置いてある品物をねだる人、いらいらして暴言を吐く人、他の訪問家庭の障害者の真似をして笑う人までいて、そのときは「私もああやって笑われているんだろうな」と思った。やって来たヘルパーに「自分は外国人なので仕事がよくわからない」と言われ、ミチコさんがいろいろと教えなくてはならないこともあった。苦情を言うと、「障害者の面倒をみてあげているのに」といった上からのもの言いで抑えつけられることも少なくなかった。

有能で親切なヘルパーが来てくれたことがあった。会社員だったが、失業したということで介護の仕事に入ったという。だが、すぐに別の仕事をみつけてやめていった。介護サービス事業所を何度か変えてみたが、さほど変わりはなく、来てもらうとかえって大変だからと、すべて断ることにした。「重要な仕事の割に賃金が安く、皆不機嫌で疲れている。家族の目がある利用者の家庭では無理してニコニコしている分、私のような障害者の一人暮らしの家庭でうっぷんが出るのでは。多少高くても、働く人がやる気を出せる労働条件でないと、意味がない」とミチコさんは話す。

今は福祉用具の貸し出しのみ介護保険を利用し、便利屋のほか、週に一度ずつ、家政婦と介護NPOのヘルパーを派遣してもらっている。これらは「気をつかわなくても何でもやってくれる」ので、気は楽だが、「NPOで利益が上がらず、いつまで活動が続けられるかわからない。でも、もし組織がなくなってもミチコさんはみに来てあげますからね」とも言われ、不安はつのる。

家族頼みの家事的労働軽視を基本にした仕組みの中で、ヘルパーの教育訓練にも十分な資金がかけられず、働き手は仕事への誇りが持てずに投げやりになり、そのため利用者が訪問介護の仕事の質に期待を抱かなくなり、その結果、さらに介護労働に公的資金をかける必要がないという空気が促される。ミチコさんの体験は、そんな悪循環を感じさせる。

洗濯時間が一六分!?

ミチコさんの体験がどれだけ一般的なものかはわからない。厳しい条件の中でも懸命に努力を続けている介護労働者はもちろん少なくないだろう。ただ、こうしたサービスの劣化に介護保険の制度改定が大きく影響していたことは事実だ。利用者の急拡大で「財政健全化」が必要になったとして、厚労省は利用を抑制する制度改定を進めてきた。二〇〇五年改定では、家族に同居者がいる場合の生活援助が制限された。訪問介護一回につき一時間半以上の報酬が廃止され、時間的にゆとりをもって生活援助を行うことが難しくなった。知人の訪問ヘルパーからは、リハビリが目的の散歩はヘルパーの任務ではないとされ、やる気のあるヘルパーやケアマネージャーが、買い物は認められていることを生かして一緒に買い物に行く名目で利用者を散歩に連れ出す工夫を凝らしているとも聞いた。ヘルパーの通院介助も送り迎えの時間しかサービスとして認められないため、診察の間の待ち時間は無償サービスになった。

ミチコさんのような一人暮らしでなくても、同居の家族が会社に出かけている間、生活援助が必要な人もいる。にもかかわらず、「同居の家族がいるから利用できない」という運用をする自治体もあり、家族の介護のため仕事をやめざるを得ない人も、女性を中心に増えている。苦しくなったら「家庭内の主婦」という例の政策の再登場だ。夫の雇用の不安定化なども手伝って、「主婦」が外で働き始めたいま、その調達先は息子や娘などの若い世代、特に娘にも及びつつある。介護に関する電話相談を受ける「認知症の人と家族の会」東京都支部の調査では、電話相談を始めた一九八二年度と二〇一一年度の記録を比べると、介護者からの相談割合は、「嫁」が四三％から九％に減り、娘・息子は二七％から四〇％に増えている。これでは、娘や息子はまともに働けない。「家事はタダ」の意識の根強さは、「少子化による若い世代の労働力不足」と介護政策との矛盾まで引き起こしているのである。

介護労働者の低報酬に批判が高まり、〇九年には介護労働者の基本報酬は引き上げられた。だが、一二年四月から実施された改定介護報酬では、介護保険の生活援助の時間区分は、従来の一回あたり「三〇分以上六〇分未満」と「六〇分以上」だったものから、「二〇分以上四五分未満」「四五分以上」に短縮されるなど、生活援助の余裕はさらになくなった。ミチコさんが体験したサービスの劣化は、こうした制度の変更の中で強まっていった。

全国労働組合総連合（全労連）が同年七月から翌年一月まで、全国の正規雇用、パート、登録ヘルパーを対象に行い、計三七三八人の介護労働者から回答を得た調査では、「サービス内容

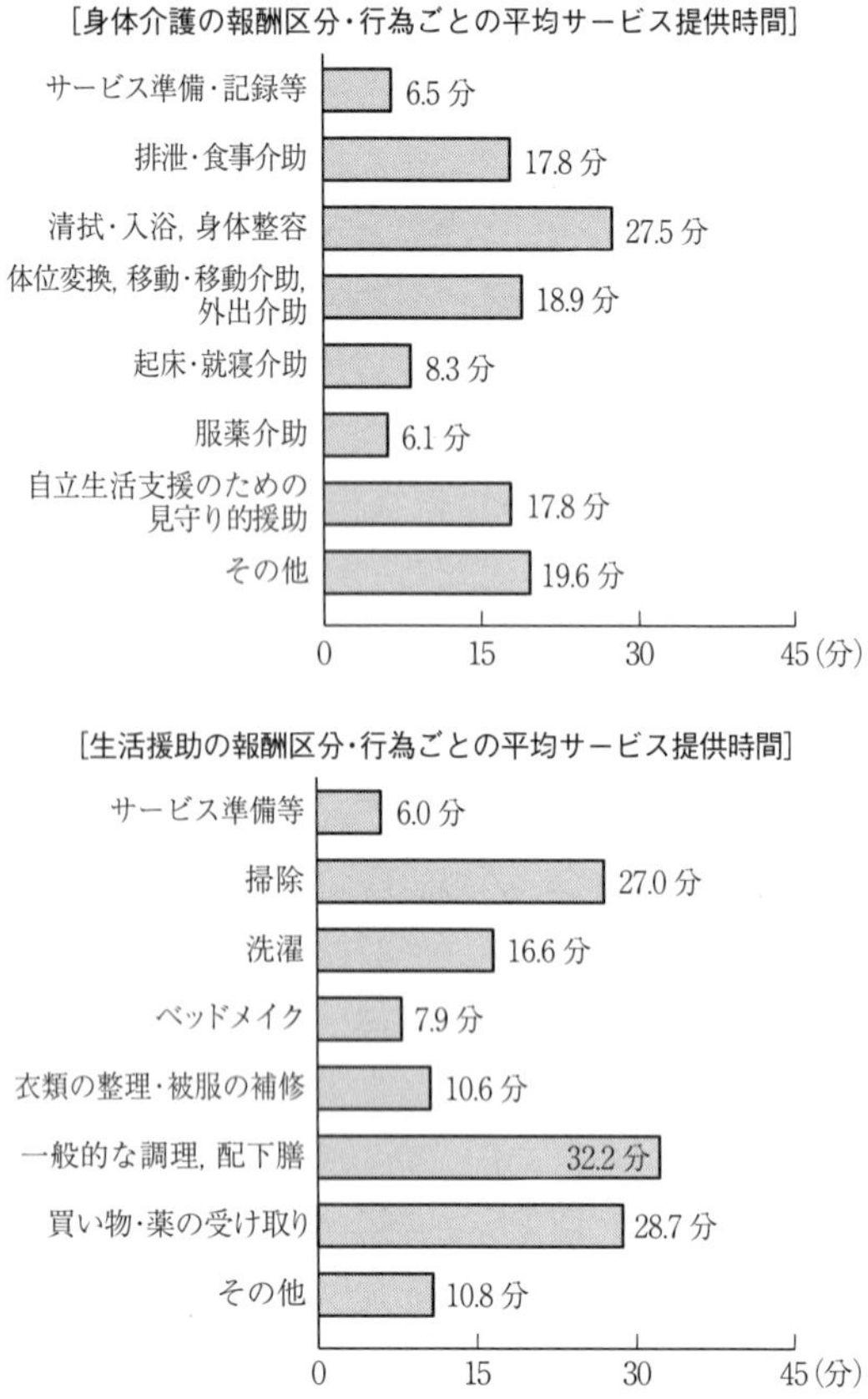

(資料)厚労省「訪問サービスにおける提供体制に関する調査研究事業」(平成 23 年度老人保健健康増進等事業)

図表 5-1　ヘルパーが身体介護・生活援助にかけるとされる平均時間

を制限するようになった」と回答した人は六三％、「訪問時間が減った」は五七％、利用者と「会話をする時間が取れなくなった」が七四％とある。

興味深いのは、厚労省が時間短縮の根拠とした「訪問サービスにおける提供体制に関する調査研究事業」（平成二三年度老人保健健康増進等事業）の中の介護ヘルパーが生活援助にかける平均時間の調査結果だ（図表5-1）。「株式会社ＥＢＰ」が実施し、同省が二〇一一年一〇月七日の社会保障審議会介護給付費分科会に資料として提出したものだが、掃除が二七・〇分、買い物や薬の受け取りが二八・七分、ベッドメイク七・九分といった数字が並ぶ中で、とりわけ洗濯一六・六分という数字に現場の介護ヘルパーらの疑問が集まった。

二〇一一年一二月七日付で佐藤夕子・衆議院議員（当時）が提出した質問主意書では、この場合の「洗濯」とはどのような行為の時間を計ったものかを聞いている。これに対する政府の答弁書は、二〇〇〇年三月一七日付厚生省課長通知で「洗濯機または手洗いによる洗濯」「洗濯物の乾燥（物干し）」「洗濯物の取り入れと収納」及び「アイロンがけ」が洗濯行為として例示されていることを引き、これらの行為に要した時間の計測、としている。だが、多少家事の経験があれば、これだけの行為が一六分で終わるとは考えられない。

日下部雅喜「福祉・介護オンブズネットおおさか」事務局長のブログでは、二〇一三年二月一〇日に京都ヘルパー連絡会が呼びかけた「ヘルパー生活援助四十五分大実験会」に参加した体験記が公開されている(http://ombudsman.blog61.fc2.com/)。厚労省が引用した時間が、実態とかけ離れたものであることを証明するため、利用者に扮した人とヘルパーらが実際の介護場面の通りに調理や掃除、洗濯を行い、かかった時間を計った実験だ。実験では、洗濯機が洗い終わるまでだけで四〇分かかったとされ、干す時間や取り込んでたたむ時間を加えれば、とても一六分ではすまないことが指摘されている。

家事を担当したことがある人ならだれでも知っているように、家事は複数の作業が同時並行で行われ、個別の作業の平均所要時間を計るのはかなり無理がある。しかも、この調査は、実際に計測したものではなく、事業所の回答によっている。

このように、家事的労働は、実際に担当している人の声が聞かれることもなく、家事を担当したことのない意思決定者たちが線引きをして価値を決められていくことが多い。日本社会で意思決定にかかわる立場に到達するには、長時間労働体質の社会に対応するため、だれかに家事労働を丸投げせざるを得ないことが多いからだ。こうして、実態に合わない、辻褄合わせの介護サービス制度が登場し、ミチコさんのような「使えないサービス」に泣く人々は増え続けることになる。

「家事的公務」の狙い撃ち

介護労働ばかりではない。介護保険制度スタートの翌年に発足した小泉政権による「構造改革」は、給食調理員、保育士、窓口事務、図書館司書など、住民に直接対応する公務サービスが、軒並み、非正規化・民間委託化されていった。その成功例として、小泉首相は二〇〇四年の施政方針演説で、愛知県高浜市の試みを「市職員の人件費を削減するとともに、地域の雇用を創出している」と絶賛し、同市には、「高浜モデル」として各地から視察が相次いだ。

同市は、税収に占める人件費比率が四割を超えたことから一九九五年、市が一〇〇％出資した業務請負会社「高浜市総合サービス株式会社」を設立し、窓口事務などの受託を始めた。仕事を希望する市民は同社に登録し、窓口事務のほか、給食調理員や運転手、通訳などの業務を受託する。二〇〇八年時点で、市の正職員一一一人に対し、同社の社員は一八一人に達した。社員のほとんどは女性で、一年ごとに契約更新され、時給は七〇〇円台から九〇〇円台と最低賃金よりやや高い程度に設定された。その結果、同市は、会社設立前に比べ、約四割の人件費削減を達成したと報告している。

二〇〇七年、この会社について高浜市に取材した際、「働き手の賃金が押し下げられ、市民の生活水準に影響を及ぼすのではないか」と聞いてみた。答えは「この地域はトヨタの関連会社がたくさんあり、夫の賃金が安定しているので、妻の女性たちが低賃金でも生活には支障がない」というものだった。米国景気に引っ張られる形で、当時はトヨタの景気がよく、同市もその恩恵を受けていた。だが、産業空洞化が進む他の地域では、男性の安定雇用は揺らぎ始めていた。つまり、首相が絶賛した「高浜モデル」は、夫の安定雇用と世帯賃金を保障する日本的経営が残っている一部の地域でしか通用しない「日本型福祉社会構想」(第3章)にもとづいたモデルということになる。すでに、夫の雇用が不安定化し、その扶養で成り立つ「主婦」層の「安い労働」をあてにできない地域は少なくない。そんな中で、「高浜モデル」を一般化すれば、地域経済の疲弊や生活苦を招きかねない。

代表例が、公立図書館の司書だ。二〇〇〇年代に入ったころから、公立図書館では年収一四〇万円、一五〇万円の有期雇用の非正規司書に切り変える例が相次ぎ、財政難の中で、やがては、民間会社への図書館運営の委託や指定管理者制度が広がった。ここでも介護と同様、民間経営者の下で、歯止めは最低賃金だけとなり、低賃金化が進んだ。

本が好きで資格を取って司書になったという都内の三〇代男性も、指定管理者制度により民間委託された図書館で、思わぬ憂き目にあった。年間二〇〇万円程度の低収入はもちろんつらかった。加えて司書の知識を生かして公的に所蔵しておく価値があると考えた図書を購入すべきだと主張したことが、「一般の人が好むベストセラーを入れて数字の上で貸出実績を上げれば、役所に評価されて再委託契約がもらえる」として一蹴された。

図書館の司書業務には専門性が必要だと記事に書いたところ、読者から「たかが貸し本の仕事に、高い賃金はいらない」と批判の投書を受け取って驚いたこともある。

公立の認可保育所でも、非正規保育士が増えていった。兵庫県の自治体で働く非正規保育士は正規より一五分労働時間が短いだけで、年収半分程度とみられる二二〇万円でほぼ同じ仕事を一〇年間続けていた。この女性は、月約五万円の家賃を出すと生活費が足りなくなるため、農業を営む実家から米や野菜を送ってもらってしのいでいると話している。

私は長く、こうした状況は、首長と公務との物理的な距離に左右されていると考えてきた。社会心理学者齊藤勇の『人はなぜ、足を引っ張り合うのか――自分の幸福しか考えない人間がいる』(プレジデント社、一九九八年)では、人は近くにいる存在を重要人物と感じるという説が紹介されている。この理屈を援用して、市長や知事などの部屋に近い企画部門には高い処遇が保障され、これらからは遠いところで提供される住民サービス的な公務については重要度が低いと思われて、低賃金の非正規化が進められるという仮説を立ててきたからだ。だが、『非正規公務員』（日本評論社、二〇一二年）の著者である、地方自治総合研究所研究員・上林陽治さんの言葉で、そこにも家事的労働への蔑視が影を落としていることに思いあたった。

上林さんは「非正規化されていく部門は住民をケアする対人的な公務で、正規として残されるのは、処分・決定という公務員の権限による決済的公務」と言う。「お上の権限」を行使する公務は従来型賃金の正規のまま残り、「家事的公務」ともいえるケア的部門は、「女性ならだれにでもできる仕事」として低賃金化・不安定化していく。住民サービスは、住民の経済力にかかわらず最低限の人間的・文化的生活を保障する安全ネットだ。その意味では、実は公務の本筋といってもおかしくない。こうした視点から見れば、「行政権限の行使」は、住民の生活を守るという本筋を進めるための道具にすぎないのに、そちらは「正規」として高い処遇を受け、本筋は不安定化していく。再生産領域の軽視は、こうした転倒にもつながっている。

風俗産業への流入

「女性ならだれにでもできる家事的労働」として扱われがちな対人サービス労働だが、これに従事する人にとっては生活の命綱だ。また、サービスを受ける側にとっても、ケア労働は命をつないでくれる重要な仕事だ。だからこそ、これを「公務」として提供することで住民生活の劣化を防ぎ、この分野は女性たちが生活できる賃金を確保できる場としても機能していた。そんな命綱が細っていく中で、女性たちを吸い寄せ始めたのが「水商売」や「風俗産業」と呼ばれる世界だ。

数年前、女性問題の集会で、知人のシングルマザーに声をかけられた。「私、パートやめてキャバクラに行くことにしたの」と、明るい口調で言う。理由を聞くと、「職場がひどくて耐えられない。時給も安すぎて子どもを養えないから時給が高いだけいいかと思って」と言った。

職場では、パート、派遣、正社員が入り乱れている。彼女の職場でも、仕事の中身にかかわりなく非正社員か正社員かによって賃金や待遇に大きな差がつく不透明な評価方法の下で、社員は互いに嫉妬し合い、陰湿ないじめが横行しているという。「人間関係が悪すぎて、このままではうつになってしまう」と彼女は言った。しかも、最低賃金レベルのパートの賃金では長時間働かなくては生活費が稼げない。子どもとつきあう時間を確保するためには、労働時間が短くてもなんとかなる程度の時給の仕事がほしい。施設職員の例にもみられたように、かつては、極端に高くはないが、雇用が安定し、最低賃金よりは有利な賃金が受け取れたケア的な公務があった。だがいま、その多くが最低賃金水準で短期契約の不安定雇用になってしまった。

そんな中で、時給が高いというイメージの「水商売系」の仕事は、疲れ果てた彼女に、救いの神に見えたのかもしれない。

だが、ポルノ・買春問題研究会の金尻カズナさんは、こうしたイメージに疑問を投げかける。現在三〇歳。風俗産業で働いている同世代の友人が少なくない金尻さんは、その実態が知られていないことに危機感を抱いてきたという。風俗業は、「女性に向いた癒しの仕事」で、賃金も高いという言説がある。だが、金尻さんが接してきた多くの例は、その言説を裏切っていたというのだ。

未経験の女性でも「気軽に」入れると言われることの多いキャバクラは、キャバレーとクラブの中間的形態で、来店した客と酒を飲みながら話す形を取る。だから、売春などのハードな風俗業とは異なるものと受け取られ、若い女性が流入しやすい。かつて、一応の受け皿となってきた「結婚」や「主婦の座」は、若い男性の雇用の不安定化で大幅に狭まっている。そんな女性たちを、店は「体験入店」を掲げて誘うと、金尻さんは言う。このシステムで集めた女性たちを、「新人」「初物」が多いとして客寄せに利用する仕組みなので、やめていくことはむしろ歓迎される。

収入を上げるためには、ボトルを空けて報奨金をもらう必要があるため、飲みすぎて身体を壊す例も少なくない。客からの指名件数が少ないと「罰金」を取られたり、やめさせられたりして、多くが稼げないまま、回転ドアのように入ってきては出て行き、「新しい子」で客集めをする店に貢献する。アダルトビデオの会社の系列下にあるキャバクラもある。「罰金」がかさんで稼げなくなると、風俗店やビデオに出演すればカネが入ると誘う。そこでは、実際に性暴力を伴う場合もあり、写真を取られて脅されて引き続き出演や売春を強要される場合もある。

性暴力やだましを伴い、性的な暴力にあっても「それを我慢して金をもらうのが風俗嬢」という偏見で固められているため告発も難しく、望まない妊娠、性感染症などの健康被害を伴うこともある。密室の中で危険も多い。「若い女性ならだれでもできる」「稼げるお仕事」「家庭内で満たされない男性への癒し」という言説は、こうした暴力や詐欺的行為を覆い隠すカモフラージュだと金尻さんは言う。

二〇〇九年に、若者を中心とした個人加盟労組「フリーター全般労働組合」の分会として生まれた「キャバクラユニオン」からも、同様の指摘がある。遅刻や指名がないなどを理由に、賃金を上回る「罰金」を取られるなど、労働の実態は過酷だ。それでも、「女性がまともに稼げる労働」「女性が夢を持てる労働」が減る中、若い女性の供給は増え続ける。その結果、店は「代わりはいくらでもいる」と強気になり、搾取の度合は強まっているという。

そんな中で、二〇一二年、埼玉県越谷市で街づくりＮＰＯを主宰する角間惇一郎さんは、

「夜の世界で働く女性たち」の転職・住宅・生活支援ＮＰＯ「GrowAsPeople」を立ち上げた。借金や生活苦、子どものころの性的虐待による心の傷など理由はさまざまだが、女性たちの風俗業界参入への抵抗感は以前に比べ、格段に低くなっているという。「となれば、風俗の是非論はとりあえず棚上げして、まず、いま業界で生計を立てている彼女たちを支える何かが必要と思った」という。

風俗業界の働き方が厳しいのは事実だが、それなりの収入で稼ぎ続けている例もある。だがそれも、四〇歳を超えると難しくなる。「四〇の壁」だ。これを乗り越える支えとなるＮＰＯをつくりたかった。

一九八三年生まれの若い彼がそんな活動にかかわったのは、街づくりがきっかけだった。学生時代に途上国の貧困に関心を持ち、海外協力ができる技能を身につけようと建設会社に入った。ここで取得した建築士の資格を生かして街づくり計画にかかわるうちに、市内で風俗街といわれる地域があることを知った。ここで生きる女性たちの問題解決の手助けをしようと、その一角にある老朽空きビルを改装してＮＰＯを設けた。

風俗業界は、収入があるときとないときの変動幅が大きく、定期的に賃金が入ってくる月給制労働者と違って貯蓄の仕方がわからない人が少なくない。そのため、「壁」が来ても転身のための蓄えがない。そうした人たちに、定期的にお金を貯めるノウハウや、次の仕事へ向けた資格取得の勉強への方向づけを目指す。

引き金となったのは、二〇一〇年に大阪で発覚した二児置き去り餓死事件だった。風俗業界で働いていた二〇代の母親が、幼児二人を置いて外出したまま戻らず、餓死させてしまった事件だ。それまで、街づくり活動の中で出会った風俗業界の女性たちを見て、何か問題があることは感じていた。だが、とても手が届かないと見て見ぬふりをしてきた。だから、事件に激しいショックを受けた。自身が父親になっていたこともあり、自分の無作為が子どもたちを死なせたのではないかと感じた。マスメディアが「風俗嬢だから」と面白おかしく事件を報道するたびに、心が痛んだ。「気づいた人の責任」というＮＰＯの倫理を、ここでこそ発揮すべきなのではないかと思った。

「家事的仕事」の低賃金化・劣悪化につれて、風俗業への敷居は極めて低くなりつつある。だが、敷居を越えた先にも、新しい孤立や貧困が待っている。女性たちの居場所をどう再設計するか。そのカギを握るのが、家事的労働に携わる人々への支援と、その働きについての評価の立て直しだ。

第6章

家事労働が経済を動かす

家事労働を特定の人に担わせる仕組みによって、その人々は一日二四時間のうちの多くを無償、または低賃金の仕事に費やし、その結果、経済力や意思決定力を奪われることになりかねない。そんな状況を改善するため、実は、一九九〇年代の海外では、さまざまな試みが進んでいた。日本では、ほとんど伝えられることはなかったそれらの動きを知ったのは、たまたま記者として、欧州からアジアまで、いくつもの国を取材して歩く機会を持つことができたからだった。家事労働の再分配が経済の帰趨を決める。私たちはいま、そんな時代の変化のさなかにいる。

脚光浴びた「奇跡」

「オランダの視察に行くんだけど、一緒に行かない?」。社会民主党の副党首も務めた清水澄子・故参議院議員から誘いがかかったのは、一九九九年秋だった。

当時オランダは、短時間労働、つまりパートを増やしたことで、一時は「欧州の病人」と呼ばれるまで悪化していた経済を再生させたとされていた。一九九七年、米国で開かれたデンバー・サミットで当時のクリントン大統領が「オランダは研究に値する国」として取り上げ、一躍、「オランダの奇跡」として注目を浴びた。日本からも、経済団体などが相次いで視察に繰り出した。だが、聞こえてきたのは「大量の安いパート活用によって、経済が活性化した」といった非正規労働の増加を後押しするような言説ばかりだった。

それって本当なの？　安くて不安定な働き方ばかり増やして、どうやって経済が再生するの？　清水議員が主催する勉強会に参加していた女性の研究者やジャーナリストの間では、そんな疑問がささやかれていた。「パートの国オランダ」の実像をこの目で確かめたくて、私は上司に頼みこんで休みを取り、自費でオランダ視察に相乗りさせてもらった。

労働時間を選べる社会

木々が色づき始めた首都アムステルダムで会ったのは、三四歳のサブリナ・ビショップスさんだった。「うさこちゃん」で知られる絵本作家、ディック・ブルーナのキャラクター商品の著作権を管理する社員一二人の会社で、販売戦略担当の管理職として働いていた。

サブリナさんは一歳半になるファウストちゃんの母で、二人目を妊娠中だった。ファウストちゃんが生まれたときは週四日労働に切り替えて働き続けた。パートナーのヒノさんはフルタイム勤務の営業マンだが、ファウストちゃんが生まれてからは五日のうち一日を在宅ワークに切り替えた。サブリナさんの三日の休みと合わせて、週四日は自宅で父母が子どもをみる仕組みだ。

かつて「専業主婦大国」だったオランダでは、保育所が圧倒的に足りない。働く女性の増加に追いつかず、入所までに一年や二年待ちも少なくなかった。ファウストちゃんはなんとか保育所に入れることができたが、同じころ妊娠した同僚は、会社の前の通り一本を隔てて住む六五歳のベビーシッターに預かってもらうことになった。働く時間や日数を短縮するパート労働を選ぶ女性が多いのは、そんな保育所事情に合わせてのことでもあった。

週四日労働に切り替えると賃金も五分の四になる。だが、「子育てとのバランスを考えるとちょうどいい。子どもと一緒の生活も楽しみたいから満足」とサブリナさんは言う。日本では、家事も育児もこなして懸命に働いているのに働きを十分認めてもらえず、賃金も安いといった不満を、働く母親たちからしばしば聞いてきた。そんな体験からすると、戸惑いをおぼえるほどの楽しげな様子だった。

これまで書いてきたように、日本のパートの賃金水準は正社員の半分ほどだ。だから、労働日を四日に減らすためパート勤務に切り替えたとすると、単純計算で賃金は五分の二になる計算だ。おまけにパートは短期契約だから、いつ契約を打ち切られてもしかたない不安定労働者になってしまう。

一方、同じ労働ならパートでも時給ベースで同じ賃金、という均等待遇を貫くオランダでは、勤務日数を減らしても賃金の減り具合が少なく、しかも、フルタイムのときと同じ仕事内容で、安定した無期雇用のままの「正社員パート」だ。加えて、「私は四日働きたい」と会社に交渉するなど、働く側が労働時間や働き方を決められる。それが、母親たちの被害感の格段の少なさにつながっているようだった。

パートの質の向上によって、オランダでは、男性の短時間労働も増え始めていた。ライデン民族博物館の学芸員マティ・フォラーさんは、五〇歳の日本美術の専門家だった。勤め先の博物館では週四日働き、残った一日は英国の大英博物館やフランスのルーブル美術館など他国の博物館に自分の企画を売り込んで実現させている。子どもが小さかったころは、一日分を子育てにあてていた。「収入の安定を確保しつつ、やりたいことをいろいろできるのが利点」と言う。「でも、スウェーデンに比べたら、男女平等は、まだまだ。僕たちのやり方は、手元にあるものを生かして精一杯生きやすくする妥協の産物。「オランダの奇跡」なんて持ち上げられているとしたら、それはプレゼンテーション上手な国民性のおかげかもね」。フォラーさんは、片眼をつぶってみせた。

二本柱経済への合意

フォラーさんの言う「妥協の産物」が生まれたのは、一九七〇年代の二度のオイルショック後の大不況が引き金だった。

工業化が遅れたことや男女分業を基本とするプロテスタンティズムの根強さによって、オランダは第二次大戦後までは「女性は家庭で育児」を原則に、女性と子どもを保護する社会だった。そんな社会で男性に職がなくなれば、女性も子どもも一挙に路頭に迷うことになる。女性が公務員になることの禁止や結婚退職制が、法律として第二次大戦後の一九五七年まで生きていたのは、男性の失業を食い止めるためだったと、社会問題雇用省の幹部は説明した。

変化が起きたのは、一九六〇年代後半からだった。各国に吹き荒れた学生運動と女性解放運動の波がオランダにも押し寄せ、教会の影響力は後退した。女性も外で働きたいと望むようになった。男性の中にも働くだけの人生は非人間的、との発想が出てきた。そんな中、七〇年代の二回のオイルショックを迎え、グローバル化による製造業の流出で雇用は悪化し、八〇年代には二桁の失業率を記録した。「男性一人で家族全員を養える賃金」の水準で設定されてきた高い失業手当の受給者が膨れ上がり、政府は未曽有の財政赤字に苦しむことになった。

高失業率と財政赤字と高賃金の三重苦で「欧州の病人」とまで呼ばれるようになった事態への危機感から、一九八二年、政府、労働側、使用者側のトップは、アムステルダム郊外の高級別荘地、ワッセナーで会談し、均等待遇で質のいい短時間労働をつくり、フルタイムを分け合う「ワークシェア」によって、完全雇用を目指す「ワッセナー合意」が生まれた。

背景には、「専業主婦の国」だったための保育所不足があった。女性も働きたい、また働かなければ夫の賃金では生活できない、男性も家族を養うだけが人生ではないと考え始める、という社会の変化にもかかわらず、保育所不足で女性は働けない。財政赤字で保育所をいきなり増やすことも難しい。となれば、労働時間を短縮して、家庭で子どもをみながら働ける仕組みに切り替えるしかない。とはいえ、労働時間を短縮したことで極端に賃金が下がれば、働けたとしても生活は保てない。それならパートの均等待遇を徹底するしかない。まさに「妥協」の産物としての「パート大国」が始まった。

労働側は、「一家の大黒柱」だった男性組合員の賃金抑制を飲み、代わりに女性も働きやすい仕組みによって家計が潤う「二本柱経済」への転換に合意した。賃金抑制の見返りとして、使用者側は、週一二時間以上のパートには社会保険から賃金水準まで、時間比例でフルタイム労働との均等待遇を導入することに合意し、国は、失業手当が減った分を減税として国民に返す「三方一両損」ともいえる方式だった。各産業で、産業別の労組が使用者側と交渉し、それぞれの産業に見合った短時間シフトを導入していった。そんなパートの均等待遇によって、多数の女性が働き始め、家計は潤った。消費が活発化し、景気は持ち直し、雇用が回復した。これらの集大成として、一九九六年、「短時間労働差別の禁止」が立法化された。労働時間が短いことを理由に働き手を差別してはいけないという法律だ。

家事再分配の三つのモデル

短時間労働を社会の標準として位置づけるという政策は、女性が家庭で一手に担っていた家事労働を、一部、保育所という形で行政に、一部は家庭に戻る時間ができた男性に再分配することでもあった。一九九七〜九八年にオランダ政府がまとめた「女性解放政策経過報告書」は、「(オランダでは)男女間の有償労働と無償労働の分担は、均等にはほど遠い状況にあり、「無償労働再分配」プロジェクトチームによると、家事・育児・介護などの七〇%は女性(男性は三〇%)が担っている」と指摘し、家事労働の再分配が、緊急の政策課題として強く意識されていた様子をうかがわせる。

この報告書では、家事・育児を分け合う方法として、「三つの分配モデル」を示している。

一つは、男は仕事、女が家事・育児を担当する「伝統型」、二つ目はスウェーデンのように、家庭の外の施設での有償労働に育児や介護を委ねる「外部委託型」、三つ目が、一部は施設などへの外注、一部は家庭内で受け持つ「混合型」だ。オランダ政府は、不足していた保育所を今後倍増することを前提に、二つ目の混合型を目指した。その選択の道を、オランダ政府は、図表6−1のような四つの家事分担の未来シナリオで表している。シナリオ1の「現状型」は、有償労働（賃労働）にかける時間比率が少なく、家庭内での無償労働（家事）が高く、しかも家事・育児を女性が多く担っているそれまでのオランダのパターン。シナリオ2は、賃労働は現状のままで男女に家事を平等に割り当てたパターン。

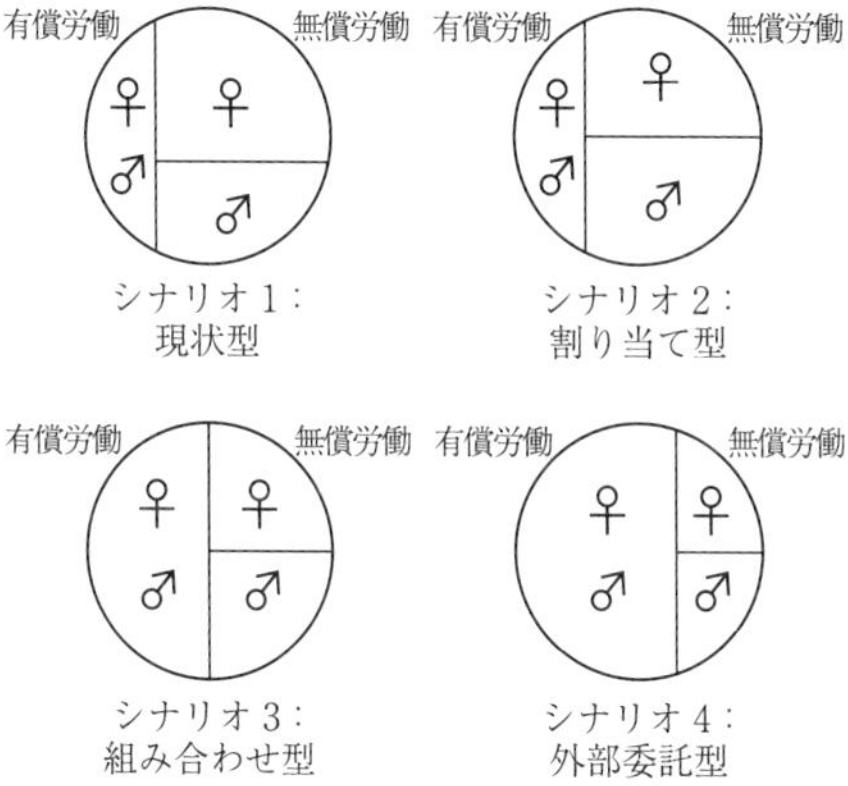

（資料）Marga Bruyn-ilundt, Scenarios for a Redistribution of Unpaid Work in the Netherlands, in *Feminist Economics* Vol.2, No.3, Routledge, Fall, 1996.

図表6-1　オランダの政府委員会が提起した無償労働を男女間で再分配する場合の4つのシナリオ（2010年まで）

シナリオ3は、男女で家事を平等に分け合った結果、女性に有償労働の時間が増えて全体の有償労働の比率も増えるパターンで、オランダが目指す方向はこれに近い。シナリオ4は、賃労働の比率をさらに大きく増やすために家事労働を家庭外のサービス産業に委託し、家事労働の比率を減らすパターンで、これはスウェーデン型に近い。

そうした転換のため、「家族を養う男性」に保障を集中させてきた従来の社会保障制度も変えた。「家族全員が食べていける水準」に設計されていた失業保険の額を抑制し、二〇〇一年には配偶者控除も撤廃したのである。

パートが市民権を得た結果、フォラーさんのようなパートで生活を楽しみたいという男性が増え始めた。背景には女性の経済力の向上で、男性が長時間働かなくても生活ができるようになったことがあった。第2、4章の三浦さん夫妻のパターンだ。同時に、男性の多い高賃金の職場に、家庭との両立がしやすい短時間労働で進出したいという女性も増えてきた。これらの新しい要求を保障しようと生まれた第二弾が、働き手がどの労働時間で働くかを選ぶ権利を認め、会社は正当な理由がなければ、その要求を断ってはならないとする二〇〇〇年の労働時間調整法だった。

二人で一・五

そんな法律、よく経営側はOKしましたね、と、経営者団体「オランダ産業使用者連盟」でぶつけてみた。自身も週三日のパート勤務で子どもを育ててきたという女性役員は、「最初は渋ったが、問題はなかった」と答えた。社員からの労働時間要求を飲めば経営が立ち行かなくなることを会社が立証できれば断っていいと法律に明記されているので、社員からの不当な要求は断れる。しかも、製造業が外へ出ていく産業構造の転換でサービス産業が増え、必要なときだけ働きに来てほしいという仕事がたくさん出てきたため、短時間だけ働きたいという社員が増えることはプラスでもあるという。一人のフルタイム労働者の代わりに均等待遇のパートタイマーを二人雇えば、たしかに福利厚生費は倍かかる。だが、質の高い働き手が、納得して短時間勤務を選んでくれるようになれば、必要なときに有能な人材を、フルタイムより少ない賃金で、摩擦も起こさず調達できるという。

スウェーデンからは、保育所を十分整備せずに育児の多くを家庭に依存するオランダ型は、結局は女性を「労働市場の二流市民」に追いやるとの批判が出ていると、彼女は認めた。「一理あるけど、パートを選べる機会があるということは悪くない。男女とも休暇を取り尽くしてフルタイムで働くスウェーデンのような社会は、男女ともにきついのでは」

一九七一年に既婚女性の一七％しか働いていなかったオランダは、三〇年近くで半分以上が働く社会になった。ただ、働く女性のほとんどは、なお短時間労働者で、うち半分は週一二時間から二四時間の短時間パートだ。これで女性の経済的自立は可能なのか。

オランダ労働組合連盟のコリーナ・ファン・フリットさんは、この疑問に、こう答えた。

「労働時間調整法で、パートがフルタイムになる権利も保障された。男性がパートに転換するのと同様に、女性が労働時間を延ばしてフルタイムに転換していく権利ができた。目指すのは男性が目いっぱい働いて一の家計収入を得る仕組みから、男女が平等に労働時間を短縮して〇・七五ずつ働き、合わせて一・五の家計収入を得る社会です」

当時から一〇年以上たった二〇一一年のOECD調査では、オランダは女性の六〇％がパートなのに対し、男性のパートは増えたとはいえ一七・五％にとどまっている。家事・育児を家庭に大幅に残したオランダの再分配政策は、人々にゆとりを与えた。だが、経済力での完全な男女平等には、まだ時間がかかりそうだ。

家事政策が経済を決める

そんなオランダの人々が、「男女平等度ではとても及ばないけれど」と、訪問中、しばしば引き合いに出したスウェーデンでも、家事労働をめぐる政策は、重要な課題になっていた。オランダを後にした私たちは、そのスウェーデンへ足を伸ばした。

ストックホルム大学のディアン・サンスベリ教授は「オランダのような方法が新聞などで論議になったことはあった。でも結局はその方向はとらないことで決着した」と言った。

こうした決断の背景について、国立労働生活研究所研究員のアニタ・ニーケルグさんは、次のように説明した。女性が社会で力を発揮するには経済的自立がカギとなる。スウェーデンの一六歳から六四歳の女性の平均労働時間を調査すると、料理や洗濯などの無償労働の時間が有償労働の時間を大きく上回っている。これでは、女性は経済力を持てない。アニタさんが中心となり、訪問の前年の一九九八年に行われた「女性の力についての調査」は、労働市場、福祉、家庭の三部門での男女の力の配分を調べている。家庭で見ると、若い世代では家事の均等分担がかなり実現されているが、女性が出産して家庭にとどまっているうちに家事負担が女性に偏るようになり、職場復帰してもこのアンバランスが続きがちになることが浮かんできたという。

こうした家庭内労働の不均衡のために、女性の労働時間は平均週三五時間程度と男性より五時間ほど短い。これが、労働市場での男女格差を生む一因にもなり、その格差が年金の受取額の格差などの形で福祉の部門の不均衡にも影響を与える。無償労働の家庭への依存を大幅に残したオランダ方式では、結局、女性に無償労働の負担が偏り続け、女性の意思決定力は向上しない、というのだ。

だが、オランダ方式をとらなかったもっと現実的な理由もあった。一九六〇年代の好景気で労働力不足に陥ったとき女性の労働力が必要とされ、女性たちは公的サービスによる支援に無償労働の肩代わりを求めた。こうした政策の実現のため、女性たちは女性の議員を増やして要求を実現させていった。その結果、この国では、介護や育児のかなりの部分が、すでに公的施設での賃労働に置き換えられている。スウェーデンでは、公的サービスによる育児・介護の支えが働く男女の「命綱」であり、女性が十分に働けない事態が起きて納税力が下がれば、この命綱は細ってしまう。

男女のフルタイム勤務で安定した税収を確保し、これによって無償労働を公的サービスに委託する「外部委託型家事分配」が維持され、その結果、男女とも働ける仕組みが維持されるというサイクルだ。女性を「納税者」に変えていったことが、スウェーデンの変化の大きな力だったとも言える。

スウェーデンの次の訪問先、ドイツでも、家庭内の労働の扱いは、テーマとなっていた。専業主婦だけが対象になっていた子育て期間の年金への加算が、一九九九年一月、働きながら子育てている女性にも認められるようになっていた。一人子どもを育てた人には、三年分働いたのと同じ点数を加える、という仕組みだ。「育児には専業主婦だけでなく、外で働く女性も従事している。専業主婦だけに加算するのは憲法の規定している法の下の平等に違反する」との訴訟を市民が起こし、勝訴したことが引き金となり、社会民主党政権が目玉政策の一つとして年金算定の改革を実施した、というのだった。男性世帯主が「大黒柱」の専業主婦社会だったドイツでも、育児は「主婦のお仕事」というより、有償労働を持つ女性を前提とした無償の労働のひとつとして、職の有無や性差を問わず評価する発想へと変わりつつあるようだった。

ベルリンで出会った社民党の女性議員たちは、この年金算定方式を紹介しながら、「ドイツは三歳までは女性が子どもを育てる伝統が強い。保育所も三歳前の子どもを預かる施設がまだ少ない」と言った。目標は、女性が子どもを持っても働け、経済力を持てること、そのためには、三歳以下の子どもも預かる保育所を整備するとともに、オランダのように、管理職などの高賃金の質の高い仕事をパートでもできる制度に整えること、と言うのだった。

すでにノルウェーでは一九九〇年代、男性に育休期間の一部を割り当てる「パパ・クォータ制」が進み、男性の育児参加を促した。フランスは二〇〇〇年、仕事と家庭の両立を見込んだ週三五時間労働制を敷いた。英国では、一九九七年に生まれた労働党ブレア政権が、八時間労働を父と母、母親同士で分け合って育児時間をひねり出す「ジョブ・スプリッティング(職務分割)」を推進しつつあった。二〇〇六年の英国での取材では、ベビーシッターの手当がつかなかった女性教員が、新聞広告を出して週五日の仕事のうち二日分を担当してくれる教員を一般から募集し、自身は三日担当することで、育児をやりくりしていた。見つかった相手を校長に紹介し、了解を得られればOKだという。一人がフルで育休をとる代わりに、一人分の労働を、夫が午前中、妻が午後と分け合い、賃金を折半しているという自治体職員からも話を聞いた。

グローバル化で男性世帯主中心経済が揺らぎ、女性の経済力向上による新しい豊かさを目指そうとするさまざまな試みが生まれていた。そのために、女性が背負ってきた家庭内での家事労働を直視し、その量をつかみ、再分配をどう行えば、より公正で適正な社会づくりができるのかは、大きな課題となっていた。

だが一方、税金による公的福祉で育児や介護を支えようという合意がない社会では、「女性の経済力による新しい豊かさ」の実現のために、別の「踏み台」に頼る動きが広がっていた。移住女性や、低所得層の女性などによる家事労働者の活用だ。

マルチナさん登場

一九九二年、シンガポールに特派員として赴任した私は、移住家事労働者が、この国にとって、そしてここにやってきた私にとっても、「命綱」であることを思い知らされた。

シンガポールは、東南アジアにある淡路島ほどの面積の小国だ。私も、シンガポール支局長として一緒に赴任した夫も、何かあれば、すぐに取材に飛んでいかねばならない。問題は、英語もろくにしゃべれないまま留守番することになる小学生の息子の食事や世話だった。

海外からの企業進出が多く、「アジアの金融センター」を目指すこの国では、女性もよく働いていた。夕方にオフィスビルの前に立っていると、夫の運転する車が横付けされ、仕事を終えてオフィスから出てきた妻たちが乗り込むのが見える。東南アジア一の豊かな国といわれる同国だが、保育所などの公的福祉にはあまり税金はかけない。そんな中で、中流共働きカップルの「命綱」は、近隣の国から出稼ぎに来る住み込み家政婦だった。

同国は中国系住民が多数を占め、後はマレー系、インド系などからなる多民族国家だ。英語教育を受けた若い中国系住民は、かつて米国の植民地で、英語を話せる人が多いフィリピンから家政婦を呼び寄せる。マレー系住民はマレー語と共通度の高いインドネシア語を話すインドネシアから、インド系住民は、共通のタミル語を話す人が多いスリランカから、こうした家事

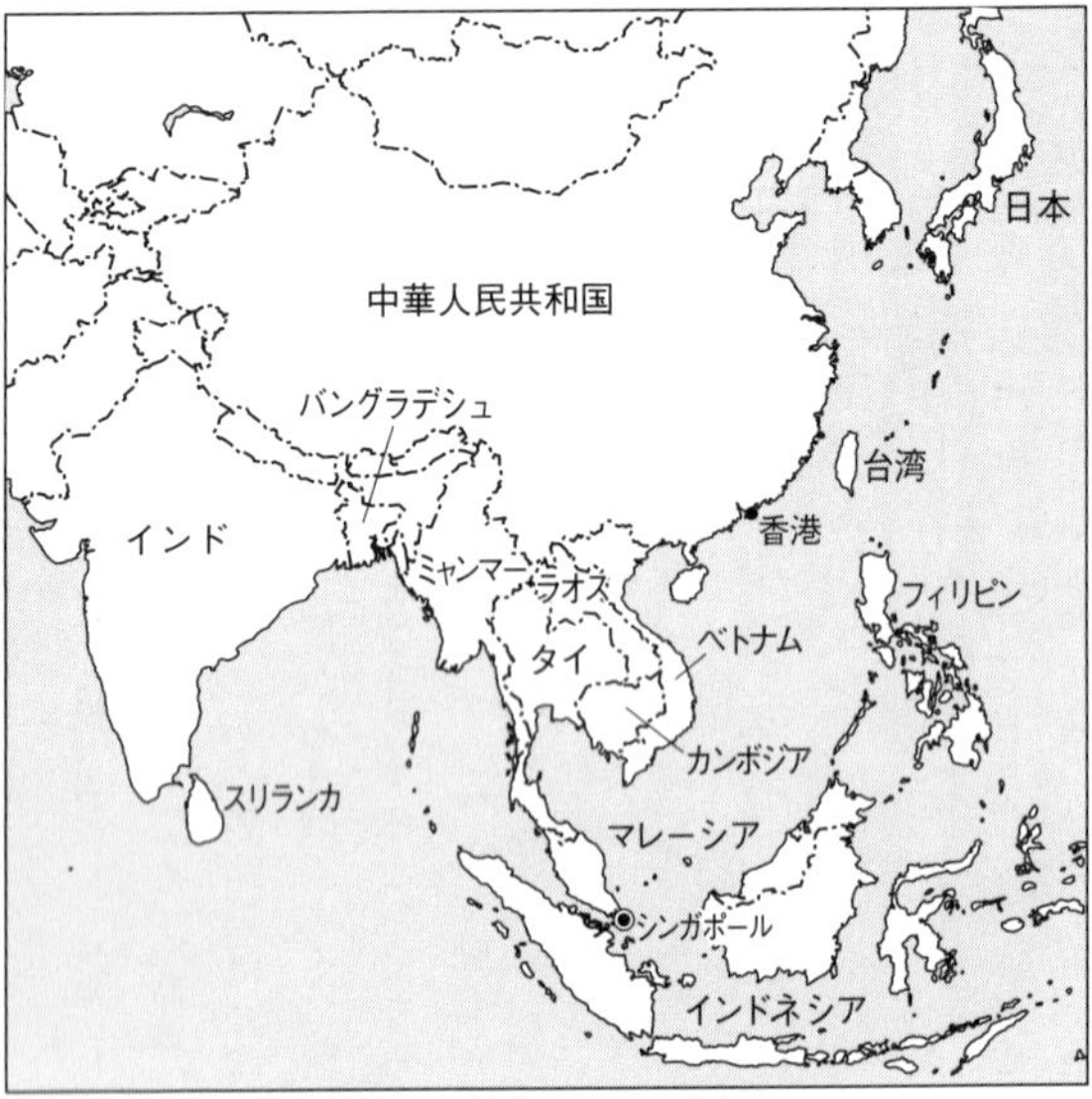

図表6–2　シンガポール周辺の地図

労働者を呼びよせる。図表6–2のように、言葉が通じやすい民族が住んでいて経済力に差があるために安い賃金で家事労働力を供給する国々に囲まれていることが、こうした解決法を容易にしている。

ここでは、中流向け住宅なら、シャワーやトイレつきの小さな「メイド部屋」がついていることが多い。家政婦は当時で円換算して月二万～三万円程度の賃金だったが、働く側からすると、住み込みで住宅費の負担がない分、稼いだものをそっくり故郷の家族に仕送りできる。というより、住み込みにすることで四六時中監視下に置いて家事を担当させることができ、しかも賃金を節約できる雇う側の都合があるのかもしれない。

英語と日本語しかできない私たちは、英語がわかるフィリピンからの家政婦を頼むしかなかった。雇用の少ないフィリピンでは、高学歴でも出稼ぎ家政婦として働きに出る例が少なくない。家政婦を雇ったらMBA（経営学修士）だったという例も、何人かの知り合いから聞いた。フィリピンとシンガポールのトップ会談のテーマが、出稼ぎ家政婦がシンガポール政府に納める労働税の引き下げ交渉だったりもする。税を下げてもらえれば、実質収入が増えて、楽になるからだ。出稼ぎ家政婦はフィリピンにとって貴重な外貨の稼ぎ手であり、フィリピンは「家事労働の輸出」が重要な産業のひとつなのだった。

街角のあちこちにある職業紹介所の一軒に飛びこむと、ビデオを見せられた。一〇代か二〇代の若い女性が、ピンクと白のお仕着せ姿で次々画面に登場し、「フェリシアです。中華料理が得意です」といったふうに、セールスポイントを添えて自己紹介する。その中から気に入った子を指定し、故郷から連れてきてもらう仕組みだ。見ているうちに人間のカタログのように思えてきてつらくなり、そのまま店を出てしまった。

そんなとき出会ったのがマルチナ・パスキュアルさんだった。支局に出入りしていた日本人留学生が、「勤めを変えたがっている家政婦がいる」と持ちかけてきた。彼女が住んでいたシンガポール人の下宿屋で、一〇人以上の学生の食事づくりから洗濯まで一手に引き受け、休みも取れないという。

雇い主の目を盗むようにして、夜に面接にやってきたマルチナさんは、三七歳。四人の子どもを故郷のバギオに置いて、その生活費と教育費を稼ぐために国を出た。一九九一年のピナツボ火山の大噴火で夫の働いていた工場がつぶれ、失業中の夫は、いま自分で家を建て直している最中だった。職場を変えたいのは、仕事のきつさに加え、パワハラがひどいからという。英語が上手なマルチナさんが、仕事の手が空いたときに英字新聞を読んでいると、旧世代で英語が苦手な雇い主は、「新聞なんか読むな」と叱る。「四〇近い女なんかほかでは雇ってもらえないぞ」と脅す。日曜には教会に行って同郷の仲間と会うことは重要な情報交換の場だが、休みを取れないのでそれもできないと、顔をくもらせた。

使用者同盟

契約して数日後、マルチナさんの雇い主から激しい剣幕で電話がかかってきた。「うちのメイドと勝手に話をつけるとはけしからん」「あのメイドはとんでもないやつだ。雇うと後悔する」と悪口雑言が繰り出される。便利な使用人を取られたことが不快だったようだ。「あんたに口出しされるいわれはない」とどなり返して電話を切った。

マルチナさんの扱いをめぐっての地元の人たちとの摩擦はまだあった。休日に仲間とおしゃべりし、深夜に歌いながら帰宅するマルチナさんについて、隣に住むシンガポール人の若夫婦の夫からは、「お宅のメイドが明け方まで遊び歩いているのを知っているか」と聞かれた。「うちでは、普段しっかり働いてくれれば、休日をどう使おうが構わないことにしている」と答えると、「あなた方はよくても、悪い模範となる」と言われ、冷たいものを感じた。シンガポールの人々は、どの国の人々もそうであるように、それなりの欠点もあるが心の温かい、勤勉な人たちだ。それでも、家政婦が「暮らしの命綱」である限り、その労働条件を規制せざるを得ない。フィリピン人家政婦たちは全般に教育程度が高く、情報交換やネットワークづくりが上手だ。家事は文化や衛生観念が違いすぎる人には担当してもらえない。出身国によっては床を拭いた雑巾でテーブルを拭くことに疑問を持たない家政婦がいて困ったという話もある。だからこそ、フィリピン女性は家事労働力として有用なのだが、それだけに、どこかの家庭が「分を超える」扱いをすれば、他の家政婦たちが、同等の扱いを求めて騒ぎ出す恐れがある。隣家の「忠告」は私たちに、「使用者ギルド」の一員としての義務を果たすよう求めるサインだった。

シンガポールの労働者の平均月収は、一九九〇年で一三〇〇シンガポール・ドル程度だった。共働き社会だから単純に二倍としてみると、世帯所得は約二六〇〇シンガポール・ドル(一八万円相当)だろうか。当時、月三〇〇シンガポール・ドル(二万一〇〇〇円相当)程度といわれていたフィリピン人家政婦の平均的な報酬額が上昇すると、負担は高まる。だから雇い主たちは結束して、家政婦たちの労働条件向上を抑え込む。

隣家の苦情を一応、マルチナさんに伝えると「だからシンガポール人は嫌い。日本人の家庭でよかった」と、吐き捨てるように言った。私は、「そんなことを言ってはいけない。日本人だって、同じ状況では同じことをする」とたしなめた。だが彼女は家政婦仲間に「日本人は親切、シンガポール人とは違う」と吹聴し、私と夫はひやひやし続けた。シンガポール社会の底に横たわる家事労働をめぐるひそやかな摩擦に、私たちは知らずに巻き込まれていた。

家事労働者条約の誕生

こうした労働力の広がりは、供給国と受け入れ国を巻き込んだ国際問題まで引き起こした。帰国して二年後の一九九五年、シンガポールの家庭で働いていた当時四二歳のフィリピン人家政婦フロール・コンテンプラシオンが、雇い主の子どもと同僚の家政婦を殺した疑いで死刑になったことが、ニュースで取り上げられた。被害者の死因に不審な点があったことから、フィリピンでは「冤罪では」と抗議デモや集会が広がり、シンガポール航空のビルに手投げ弾が投げ込まれ、相互の大使が召喚される事態になった。

家事労働は外からの監視がない。シンガポールだけでなく、同じく出稼ぎ家政婦への依存度が大きいといわれる香港や中東諸国でも、「メイド虐待」の事件がしばしば報じられている。

二〇〇七年に訪れた香港のシェルターでは、雇い主から殴られ、食事も与えられず働かされて逃げ出してきたインドネシア人の若い女性にも会った。目のまわりには青あざがあり、おびえて声も出せない状態だった。

こうした過酷な労働条件への批判が高まる中で、シンガポールなどより政治活動が自由な香港やニューヨークの移住家事労働者らが自助グループを結成し、これを通じて、国境を越えた家事労働者保護のための法制度を求める動きを強めていった。

二〇一一年六月一六日、スイスのジュネーブで開かれた第一〇〇回ＩＬＯ総会で、画期的な条約が採択された。「家事労働者条約（ＩＬＯ189号条約）」だ。対象になる「家事労働者」とは、「一つまたは複数の世帯において、または世帯のために、遂行する業務である家事労働に、雇用関係の枠内で従事する者」と定義され、ＩＬＯの二〇一〇年の総会討議資料では、「控えめに見積もっても世界全体で一億人を超える最大の保護されていない労働者群を形成し、途上国では全就業人口の四〜一〇%、先進国でも一〜二・五%を占める」との試算が掲載された。条約では、労働法や社会保障法の適用対象外とされがちだったこれらの働き手を、「労働者」と位置付け、安全で健康的な作業環境で働く権利、一般の労働者と等しい労働条件、最低でも二四時間の週休、賃金ではなく現物で対価を支払うことの制限、雇用条件に関する情報の明示、結社の自由や団体交渉権などの就労にかかわる基本的な権利、原則の尊重・促進・実現などが規定された。

ここでは、住み込み家事労働者のためにプライバシーを尊重した人並みの生活条件を享受できるように確保すること、児童の家事労働者については、義務教育を受ける機会が奪われないこと、そして、移住家事労働者については国境を越える前に雇用契約書などが提供されること、といったタイプ別の保護規定が盛り込まれたほか、民間職業紹介所の不正な慣行から家事労働者を保護する措置や、「家庭の中で働く」という家事労働者の特殊性に配慮した労働基準監督の方法の開発なども謳われている。

二〇一二年、シンガポールの隣国の中進国、マレーシアでも、移住家事労働者問題は大きな外交問題になっていた。同じマレー語系の言葉を話すことから、インドネシアから多数の家政婦を導入しているこの国で、家政婦虐待問題が発生し、国民の反発を受けたインドネシア政府が家政婦の送り出しをストップした。困ったマレーシアの職業紹介業者たちは、カンボジアからの導入を始めた。ところが、二億近くの人口を誇るインドネシアに比べ、カンボジアの人口はわずか一四〇〇万人だ。人材がすぐ底をつき、一八歳以下の児童の流入が増え、これらを問題視したカンボジア政府からもストップがかかった。

NEW STRAITS TIMES

Extra tasks, extra money

LETTERS

Taken on a ride over maids

Asking for refund will only cause misery

Learn to cope without them

Better to train and use our locals

インドネシア家政婦の超過仕事には超過料金を，とのインドネシア政府の要求を一面のトップ記事に掲げた『ニュー・ストレーツ・タイムズ』(2012年3月21日付)

家事労働者不足に困ったマレーシア政府との首脳会談で、インドネシア政府は家事労働者の労働条件の向上を切り出した。マレーシアの有力紙『ニュー・ストレーツ・タイムズ』の二〇一二年三月二一日付一面には、インドネシア人家政婦の労働は、一日原則八時間とし、料理、掃除、洗濯、アイロンがけの四つの仕事について月最低七〇〇リンギット（約二万円相当）を払い、これ以外の仕事には超過料金を払えという条件をインドネシア政府が提示しているとの記事が掲載された（写真参照）。記事では、マレーシアの家政婦雇用主協会の会長が、マレーシアとインドネシアの家政婦をめぐる状況を「売り手市場」と表現し、「我々はコストの上昇に耐えなくてはならない」とする談話を紹介。さらに、人材資源相が、マレーシア人は家政婦なしでもやっていけるライフスタイルに変えていくべきだと語ったことも報じている。

同じ紙面では、大学教授の男性からの投書が大きく掲載された。このような「こっけいな」提案をするインドネシア政府は、「同じアセアン（東南アジア諸国連合）一家の一員なのにマレーシアに何の敬意も払わず」「インドネシアが災害にあったときに我々は支援の手を差し伸べたのに」「木を見て森を見ない行為」を行っている、と怒りをぶつけている。同じ投書欄では、「地元の女性の活用に切り替えては」との提案も寄せられ、家事労働者のコスト上昇に対するマレーシア社会の狼狽ぶりを垣間見せてくれる。

先進国では産業構造の転換によって、中進国では、経済成長による労働力不足によって、女性も外で働く必要性が強まり、家庭内の労働力は減少している。一方で、少子高齢化も進展し、高齢者の介護のための家庭内の労働力の需要の増加と、家庭内の労働力の減少とのギャップは開くばかりだ。これを税による公的サービスで支えようにも、グローバル化で税を上げれば出ていくという企業や富裕層の声が阻む。家事労働者の売り手市場の背景には、その落差を移住家事労働者で補わねばならない国が増えたことが、あるのではないか。マレーシアで起きたことも、その一環と考えられる。家事労働者条約は、こうした家事労働をめぐる力学の変化の中で生まれたと言えるかもしれない。

アベノミクスの限界

家事労働者への虐待について、「日本人ならそんなひどいことはしない」という声も聞く。だが、家庭という密室に、移住労働者という立場の弱い存在がやってきて、家事労働という安くて当然と蔑視されてきた労働を行うとすれば、どんな国でも、同じことが起きうる。シンガポール人と結婚したという見知らぬ中年の日本人女性と飛行機で隣り合わせたとき、「フィリピン人のメイドは夫を誘惑するから気をつけなさいよ。油断もすきもないんだから」と言われた。このような意識の土壌の上に虐待は起こる。

一九九〇年代の欧州では、税を投入して政府が施設を増やし、雇用差別の禁止と労働時間の短縮を行い、企業がこれを受け入れて働き手に家事時間を返し、夫もその時間の一部を使って女性の家庭内労働を分担する形で、国、企業、男性による女性の家事労働を軽減し、女性の経済力を確保する、という構図が生まれつつあった。

一方、女性の家事労働の分担に税金を投入することに社会的合意が得られない国は、国も企業も男性も、また、家事労働への蔑視も、変わらないまま、自国の女性を家庭から引き出そうとする。そのとき家事労働の受け皿になるのは、「社会の外」の存在とされ、「安くても当然とされる理由を持つ人々」の群れだ。身内のただ働き女性から、よそのただ働き女性への「搾取の転嫁」がそこに生まれかねない。そうした解決策は、目先のコストは安いかもしれないが、下手をすれば深刻な国際紛争を招き、ときには家事労働力という貴重なリソースの供給が止まる「家事労働の安全保障」の危機さえ生まれかねない危うさをはらんでいる。

この二つのどちらにも動けず、自国の女性のただ働きに依存し続けてきた日本は、「二本柱経済」への転換に乗り遅れた。女性の活躍度指標である「ジェンダー・ギャップ指数（GGI）」が、二〇一二年で一三五カ国中一〇一の低水準にまで落ち込んだのは、その表れだ。

第1章で述べたように、こうした乗り遅れをIMFからも指摘され、二〇一二年一二月に生まれた安倍政権は、アベノミクスの「成長戦略」の柱のひとつとして「女性の活躍」を華々しく打ち出した。一見、女性の経済参加による新しい豊かさを目指すように見えて、これらの政策は、むしろ逆行の連続となりかねない様相を帯びている。

たとえば、同政権が打ち出した「生命と女性の手帳」は女性たちから冷たい視線を浴び、断念に追い込まれた。手帳は、医学界から、女性の晩産化が危険な出産や妊娠しにくさにつながるという知見が報告されたため、産みたい女性が産めるよう啓発することが狙いとされている。だが、非正規化による若い男女の貧困や、長時間労働や短期契約で、子どもを産んだら働き続けられない雇用環境を放置して、健康情報の周知を突出させたことが、女性を脅しや説教で出産に追い込もうとするものという批判を浴びた。

育児休業の上限期間を三年に延ばして、母親が「三年間抱っこし放題」ができるようにするという「三年育休」にも、疑問の声が上がった。子どもは三歳まで母親が手元で育てないと、子どもに悪影響が出るという「三歳児神話」を下敷きにしたこの政策には、「三年も休んだら職場が変わってしまって戻る場所がなくなる」「三年家にいたら家事労働はみな家庭の母親にかかってきて、働き始めたとき、一人で家事・育児を背負い込まなければならなくなる」「人事が女性社員を採用したがらなくなり、新卒女子には「マイナス」といった批判が相次いだ。特に懸念されたのは、一九九八年に『厚生白書』で、合理的な根拠がないとされた「三歳児神話」が、「三年育休」とマスメディアで繰り返すことによって、復活しかねない点だった。第2章の「保活デモ」のように、夫の雇用が不安定化する中で、女性が外へ出ることが生活の必須条件となり始めたいま、もはや「地声」では歌えなくなった「女は家へ帰れ」の歌が、優しい「裏声」で歌い上げられていることに、女性たちは、敏感に反応した。

同時に打ち出された待機児ゼロ作戦についても、歓迎とともに、懸念が出ている。第5章の介護士など「家事的労働」を引き受ける働き手の労働条件の劣化の中で、保育士の処遇改善策がないままの施設数の増加は、資格をとっても保育士として働きたがらない女性を増やし、人手不足を促しかねないからだ。アベノミクスでは、横浜市の試みにならった民活路線による保育の受け皿づくりも打ち出されている。だが、富裕層向けのベビーシッター会社で労組を立ち上げ、会社による委員長の解雇撤回を求めて争議を続けてきた女性は、こうした民営保育がはらむ「お客様第一主義」の危うさを指摘する。

ベビーシッターは、親が必要なときに出向いて子どもの世話をする「出前保育」だが、労働時間を決めてもらえず、会社がいきなり出番を指定してきて、その日の労働を報酬の対象にする「フリーシフト」制だ。このため働き手は私生活を四六時中縛られ、しかも、「お客」の要望にのみ沿うサービスを求められるため、しつけなどの教育より、子どもの言いなりになる方が、満足してもらえることになりがちだ。これで子どもの役に立つのかと疑問に思うこともしばしばだという。保育労働者は働く女性の支えであるとともに、自身も働く女性だ。保育の民間頼みが進めば、このような女性の職場の働きやすさが置き去りにされ、子どもの教育より親の顔色を重視する方向へと保育の世界が移っていく恐れもあるというのだ。

二〇一三年五月に自民党女性活力特別委員会が打ち出した「「女性が輝く社会の実現」のための政策――次元の違う新たな女性活躍のステージを目指して」では、「長時間労働の抑制」が盛り込まれた。だが、その方法となると「各界各層の一層の意識改革」にとどまる。安倍政権下で発足した規制改革会議や産業競争力会議では、解雇ルールの緩和とともに、一定の働き手について、残業代を免除する「ホワイトカラー・エグゼンプション」など労働時間規制の緩和も求めている。これまで見てきたように、「女性の活躍」には家事労働の負担の分散に加え、働き手が家事や育児の時間を確保するための労働時間の建て直しが必要だが、これに反するかのような労働時間の規制緩和政策との関係性について、ここではふれられていない。「三年育休」や短時間勤務制度は盛り込まれているが、子育ては幼児の間の一時的なものではない。労働時間をすべてのステージで、家事や子育て時間を組み込んだものにしていくことが必要だ。

こうした政策が行き詰まり、女性たちが、働くための制度設計をさらに強く求め始めたとき、公的福祉サービス拡充への社会的合意を取りつけられず、企業にも「意識改革」を求めることしかできない政権が選択するのは、移住家事労働者の導入かもしれない。

二〇一三年、在日米国商工会議所は、日本人女性の就労を促すためとして、外国人家事労働者を認めるよう出入国管理法を改正するよう求めた。だが、移住労働者は周囲に親族などがいない分、立場が弱い。移住労働者の数が少ない日本では、その立場はとりわけ苦しいものになりかねない。しかも、第3章でも述べたように、住み込みの家事労働者は、マレーシアと同様、日本でも労働基準法の保護から外されている。家事労働の重さがこれほど軽いいまの私たちの社会で、移住家事労働者に家事を依存しようというなら、出入国管理法の緩和以前にすべきことがある。家事労働条約の批准である。

狭い住宅が多い日本で、シンガポールやマレーシアのように住み込み家政婦を導入する家庭は、多数派とは言えないかもしれない。だが、人材ビジネス業界が家事労働者を海外から呼び入れ、製造業派遣のような住宅付き施設から各家庭に派遣する手法なら、十分ありうる。こうした働き手が極端に買いたたかれないように、第5章で述べたＩＬＯの職務評価基準に基づく同一(価値)労働同一賃金の仕組みの整備も大切だ。また、こうした法制度を使いこなせるよう、労組による支援体制も欠かせない。

国連が「家事労働者保護条約」を採択した際、政府・労働側・使用者側の三者で構成される日本代表団のうち、政府と労働側は条約と勧告に賛成票を入れたものの、使用者側は条約は棄権し、勧告には反対票を投じた。政府にはいまも、条約を批准する気配は見られない。このような家事労働の公正な分配を欠いたままの「女性の活躍」策は、家事を黙って引き受ける新しい「踏み台」を再生産し、これが、いま各国で繰り返されている、家事労働者の「輸出」をめぐる国際間の紛争の火種にならない保障はない。

終 章

公正な家事分配を求めて

私たちの社会には、家事労働を見えなくし、なかったものとして排除する装置が、いたるところに張りめぐらされている。これまで、その装置がどのように設置されているか、その装置によって家事労働が見えなくさせられていることが、いかに私たちの社会を貧しくさせ、危うくさせ、生きづらくさせているかをたどってきた。

家事・育児・介護が世の中には存在しないかのように設計された極端に長い労働時間の職場。そんな働き方によって、健康を損ね、ときには死にまで追いやられた人たちがどれだけ多いかは、過労死について書かれた多くの資料をひとつでものぞいてみれば、すぐにわかる。一方で、家事や育児や介護を担うべきものとされた人たちは、職場でハラスメントを受け、低賃金と不安定な労働に追いやられていく。

現実に存在する家事労働をないものとしたり、「家事はお金では測れないほど大事な価値」であって労働ではない（だから待遇や労働条件のことなどあれこれ言わずに奉仕しろ）、というやさしい言葉を繰り出したりして、その働きを低コストに抑え込もうとする動きの下で、私たちは、自分たちの生活にとって重要なこの労働を、安心して行う権利を妨げられてきたとさえ言えるのではないだろうか。

間違いだらけの処方箋

こうした事態に気づき始めた女性たちの発案で、一九八〇年ごろから始まったのが、家事労働など家庭内で担われている無償の労働を測ろうとする動きだ。ニュージーランド生まれで、国連統計委員会コンサルタントも歴任したマリリン・ウォーリングは、一九八八年に出版した『もし女性がカウントされたら――新フェミニスト経済学』(邦題『新フェミニスト経済学』篠塚英子訳、東洋経済新報社、一九九四年)で、女性を中心に担われているこうした見えない経済活動を統計に反映し、その量をつかむ必要性を提唱した。また、経済学者の久場嬉子は、カナダの統計局やEUの女性の権利委員会の無償労働政策について、①男女の間で無償労働のより公平な分配を進めること、②社会の福祉に貢献する無償労働に対する社会的・経済的認知を促進すること、という二つのアプローチで進められていると指摘している(『「家事の値段」とは何か』)。

これまでたどってきたスウェーデンやオランダの試みも、方向性は異なっていても、男女の有償労働と無償労働にかける時間や分担の度合を調査し、見えにくい無償労働の正確な見取り図を描くことを基礎にした点では共通している。

女性が外で働いて、個人として経済力を持とうとしたとき、少子高齢化で高齢者介護の負担が増大し、これを担える人の数が減っていくとき、どれだけの無償の労働が家庭の女性だけでは支えきれず、あふれ出していくのか。あふれ出した分を、行政、企業、男性が、どのように再分担していけば、より公正で、特定の部分に過酷な負担がかからないような仕組みをつくっていけるか。一九八〇年代からの産業構造の激変の中で、これはどの国も直面している大きな課題だ。だが、私たちがいま住んでいるこの社会では、そうした課題への取り組みはあまりに鈍い。それどころか、間違いだらけの解釈と処方箋が罷り通り、私たちを迷走させ続けている。

「家事＝主婦」の錯覚

日本でも、家事労働の公正で効率的な分配という問題意識を持って「無償労働」を計測する動きが、なかったわけではない。一九九六年、当時の清水澄子・経済企画庁(現・内閣府)政務次官は同庁に「無償労働に関する研究会」を発足させ、翌年、初の無償労働試算結果が発表されている。総務庁(現・総務省)の「社会生活基本調査」をもとに、女性が家事や育児、地域活動などの無償の労働を行っていた時間にもし外で働いていたら、いくらの賃金を稼げていたかをはじき出すなどの方式をとって、女性の無償の労働を金銭価値で評価してみたものだった。

この試算では、女性は一九九一年時点で無償労働全体の八五％、男性の五倍の無償労働を担っていることがわかった。久場が紹介したカナダやEUのアプローチを取ったならば、社会で必要とされる労働のうち女性が圧倒的に無償の部分を担い、このため経済力で不利になっているとの分析が出てきたはずだ。その上にたって、無償労働をどう再分配するかの議論が始まったはずだ。ところが、経企庁の発表と、これを受けたマスメディアの報道は、まったく逆の驚くべきものとなった。

無償労働の試算結果を発表する記者会見の冒頭で、経企庁の男性幹部は、「専業主婦の無償労働がこんなに価値があるとの結果が出て、主婦の方々にも喜んでもらえるでしょう」とあいさつした。試算では、「有配偶で無業」（つまり専業主婦）の無償労働の金銭換算値の平均額は年二七六万円、既婚の働く女性（共働き主婦）の無償労働の金銭換算値の平均額は、年一七七万円となった。また、女性の平均市場賃金は、この調査で二三五万円とされていた。これらを取り上げて幹部は、専業主婦の働きは女性の平均市場賃金を上回っている、だから専業主婦の労働は働く女性の労働より価値が高い、主婦は喜んで家事労働に専念してほしいと誘導してしまったことになる。

これは完璧なミスリードだ。女性の平均賃金は、家事や育児とは別に外で働いて稼ぎ出しているものだ。共働き主婦は、無償労働とは別に外で働いて賃金を稼いでいるのだ。専業主婦と働く女性の労働の価値を比べたいなら、専業主婦の無償労働換算額と、共働き主婦の無償労働換算額にその賃金額を足したものを比べなければならないはずだ。

働く女性の多くは、家事に加えて外での賃労働もしている。この幹部の頭からは、それがすっぽり抜け落ちてしまっていたのだ。

しかも、記者会見では男性と女性の無償労働量の大きな差についてはまったく触れられなかった。男性は無償労働をただ消費する存在として高みに立ち、女性たちのうちだれがもっとも無償労働の提供に貢献したのかを競わせる「使用者」の発想だ。

記者会見の翌日の大手紙の見出しは、『読売新聞』が「専業主婦の労働 年276万円 働く女性の賃金上回る」、『朝日新聞』が「家事の値段276万円 専業主婦の平均」、『毎日新聞』が「主婦労働は276万円 働く女性上回る」と軒並み記者会見での誘導を素直に映したものになった(一九九七年五月一六日付)。

『東京新聞』だけは男女の比較を見出しに掲げ、「家事やボランティア、女性は男性の5倍稼いでいます」としていた。無償労働試算の本来の趣旨は、こちらだったはずだ。だが、男性が圧倒的多数を占める官庁とマスメディアの思い込みの輪の中で、男性は無償労働の外にある者、女性は無償労働の優劣を競う者、という既成の秩序は揺るがず、無償労働を多く引き受けている女性をほめあげるだけの展開になってしまった。

こうした発想は、家事労働を評価することは主婦を守ること、というよくある論理の飛躍につながる。だが、家事労働は、現実には、男性か女性か、有職か無職かを問わず、一人一人が抱えている。だから、家事労働ハラスメントに対抗するには、①働いている間、育児や介護も含めた家事的な仕事を代替してくれる良質で安定した公的サービス、②家事労働と休息する時間をしっかり計算に入れた労働時間設計、という二方面からの対策が必要になる。①が整わなければそもそも外で働いて経済的に自立することは難しい。この場合、民間が代替するにしても、安定供給へ向けた公の責任は不可欠だ。また、②が整わず、極端に長時間働かなければならない社会では、①にかかる負担が重すぎてこちらがもたない。日本社会は、②が極端に弱く、この部分の補強が急務だ。

「制約社員」「非制約社員」

こうした家事労働についての基本が共有しきれていない日本社会では、政府が力を入れている「ワーク・ライフ・バランス（仕事と生活の調和）政策」でも、奇妙な「対策」が顔を出すことになる。ワーク・ライフ・バランス政策の根幹は、家事労働の再分配にある。ワーク（賃労働）とライフ（無償労働）の二つの領域のバランスをとるということは、働きながら家事もできるなんらかの労働時間政策が必要ということを意味するからだ。日本のように、ワーク・ライフ・バランスが保てないような長時間労働が慣行として横行している社会では、これをいったん矯正してあるべき姿に戻すための労働時間規制が不可欠だ。こうした労働時間の適正化を前提に、女性は、抱え込んだ家事労働の一部を、男性と保育所や介護施設などの行政サービスに委ね、浮いた時間で賃労働を増やして経済力をつける。男性は、家事労働の一部を引き受けることで人間的な暮らしを回復しつつ、女性による有償労働で自身の賃金の減少分を補う。こうした道筋でワーク・ライフ・バランスは進むはずだ。

ところが、行政や経済界は、二〇〇七年に政労使でワーク・ライフ・バランス憲章に署名するなどこの政策を推進する旗を振りながら、政策の根幹となる法定労働時間の順守には及び腰だ。それどころか、二〇〇五年前後からは、労働時間規制政策の柱となってきた残業代の支払い対象から、一定の年収以上の勤め人を外す「ホワイトカラー・エグゼンプション」の導入の動きが始まった。残業代について、日本社会では「残業を引き受ける社員へのごほうび」と受けとめられがちだ。だが残業代とは本来、法定時間を超えて働かせることで会社が労働者の人権を侵害することへのペナルティーだ。つまり、残業代が法外にかさめば残業のメリットがなくなることを利用した残業規制の砦なのだ。にもかかわらず、残業代外しのこの制度について「労働時間の規制を外して時間にとらわれない働き方ができるようになると早く帰れてワーク・ライフ・バランスに役立つ」「家族団欒が楽しめる」といった論法が、経済界ばかりか当時の厚労相からも飛び出した。オランダのような働き手が労働時間を選べる権利もなく、残業規制を外すだけなら、会社は、仕事が終わるまでいくらでも働き続けさせることが可能になる。そうした懸念が、ここには全く見られない。

同じ労働時間短縮でも、家事労働を担う女性は一日あたりの労働時間短縮を望み、家庭に家事労働専従者がいる男性は、一日の残業はあっても長期休暇を求める傾向がある。その意味で、一日のうちいくらでも働かせることができる労働時間制度は家事労働ハラスメントそのものだ。

ホワイトカラー・エグゼンプションは、残業代の減少に怒った会社員たちの猛反発で押し戻された。だが、第二次安倍政権では、産業競争力会議の委員から労働法の一部が適用されない国家戦略特区を設けて労働時間規制を外す構想が提案され、また、申請した企業には「特例」として、ホワイトカラー・エグゼンプションの実験的導入ができるようにする案も、政府内で浮上している。これは、労働者の私生活を営む権利の保護に例外をつくり、人権の外に置かれる働き手をつくることを意味する。

この案に積極的といわれるトヨタ自動車の伊地知隆彦専務は二〇一一年八月の記者会見で、「今の労働行政では、若い人に十分に働いてもらうことができなくなっている。若い人たちに時間を気にしないで働いてもらう制度を入れてもらわないと、日本のモノづくりは一〇年後とんでもないことになるのではないかと思う」と述べている。無制限の労働時間を前提に運営されてきた日本企業は、「女性の活用」を標榜しつつも、その方向性を変えられないままだ。

そうした社会で謳われるワーク・ライフ・バランスは、働き手が自分の工夫で効率よく働き、自主的に労働時間を短くする(仕事が終わらなければ自己責任)、ただの生産性向上運動に転化しつつある。

二〇一二年、企業向けのパートタイム労働者の雇用管理セミナーで、畑井治文・松本大学准教授は、子育て中の女性、障害者、高齢者、パート、勤務地限定、残業・転勤を嫌う社員を「制約社員」、男性社員などの基幹労働者を「非制約社員」と分類し、スキル、裁量、柔軟性、創造的な働き方を求める高付加価値型経営では、残業や転勤のリスクを引き受ける非制約社員には上乗せ賃金が保障されるべきだとした。仕事の中身をILO基準で測り、その均等待遇を確保したうえで、転勤という負担のための手当てや残業代を払うなら、それは妥当な措置だ。だが、転勤や残業を引き受けられない働き手をあらかじめ低賃金コースに仕分けするとしたらそれは、労働時間の長短や、家事労働を担う働き手とそうでない働き手の間の賃金格差を、正面から擁護する論になってしまう。家事労働を抱え、短時間労働を選ばざるを得ない働き手が、仕事では同等なのに賃金やさまざまな保障の面で大きな差をつけられることを、オランダでは「短時間労働の差別」として禁じた。ところが、日本ではいま、そうした差別を公然と正当化しかねない議論が、以前よりさらに堂々と罷り通り始めているようにみえる。

繰り返しになるが、産業構造の激変の中で、私たちは、家庭からあふれ出た無償労働を公正に無理なく再分配する政策づくりに迫られている。にもかかわらず、働き手の家事・生活時間を侵害して「自由に」使う会社の既得権益は手放さず、その前提のうえで、低い労働条件を受け入れるなら家事・育児を抱える働き手を「認めてやってもいい」、と高みに立って開き直るとしたら、「女性の活躍」も「男性の負担軽減」も、夢のまた夢だ。経企庁の無償労働評価の発表の際の手口と同じく、働く側のみを競わせて、自分たちこそ変わらなければ問題は解決しないという真の争点をすり替える例の手口は、もうやめるべきだ。

家事労働の公正な再分配は、社会全体での分け合いを視野に入れなければ成り立たない。私たちが直面する新しい事態に対応するには、その大前提を、まず再確認する必要がある。

省力化という解決策の限界

意思決定の場にある人々の間に漂う「企業や男性は手つかずにしておきたい」という空気は、家事労働の問題は家事の省力化で対応できるはず、という主張の繰り返しも生んできた。

バブルの時代の一九八〇年代、国際的なビジネス・コンサルタント会社に勤めている女性に、夫との家事や育児の分担問題の話をしたことがある。二人とも仕事を持って配偶者がいる身で、そうした問題に共感してもらえるかと思ったが、彼女は笑って一蹴した。「そんなもの、騒がなくても時間が解決する」と言う。将来は、日本のすぐれたテクノロジーを生かした家事ロボットや家事代行業が発達し、労働時間短縮などの社会システムの変更などしなくてもそれらの商品の購入によって解決できるようになる、という理屈だった。たしかに、洗濯機や掃除機、多様な半製品の総菜と、家事関連の商品はたくさん出回っている。家事代行サービスも盛んだ。これらが家事労働時間を短縮することに一役買っていることは間違いないし、私もその恩恵をこうむっている。だが、それが、根本的な解決策になるのだろうか。

まず、働く中流女性の増加によって、家事時間短縮ビジネスにカネを落とす女性は増えるかもしれない。だが、それはビジネスの成否であって、「二本柱経済」を必要とする人たちの問題解決に直結するわけではない。ルース・シュウォーツ・コーワンは『お母さんは忙しくなるばかり』で、次のように述べている。「既婚女性の労働市場への参入に最も強い相関をもたらす社会学変数は夫の収入である。(中略)夫の収入が低いほど外で働く妻は多い。すなわち、労働市場に参入する確率の最も高い主婦は、多くの省力器具と家庭の利便に最も縁が薄いのである」。特に、低所得の非正規労働者が二〇〇〇万人を超した今の日本では、「カネで解決」が難しい人は激増している。第2章の「貧困主婦」の存在も、その一例だ。そんな中で、テクノロジーだけでは、ものごとは解決しない。

しかも、こうした器具を手に入れられたとしても、男女分業と女性の家事役割への強い縛りが見直されない限り、これを操作するのは女性(つまり主婦)となる。コーワンが続けて指摘するように、「今日の私たちの家庭を支配しているテクノロジーシステムは、フルタイムの主婦が操作するという前提でつくられている」(同右)のだ。だから、家電製品が普及しようと、家事専業の女性は、家庭内でその器具を四六時中操作し、「省力化」で時間が空いたとしても、「よい母」であるために子どもに手をかける時間を延ばして、必死で子どもにへばりつくことになる。知人の男性の妻は、キャリアのある女性の息子が有名私立学校に合格したと聞いて「私は何のために専業主婦をやってきたのかしら」と言ったという。外で稼いでいない自分は、せめて子育てでは外で働く女性に勝たなければいけないのにと自分を責めたのだろう。こうした「家事・育児役割」の圧迫感の下では、テクノロジーは、むしろ、省力化で空いた時間を、他の家事で埋めていく労働強化の道具となりかねない。

そして、外で働く女性たちは、家庭に戻った後で、家電製品という機器を操作しての「もうひとつの工場労働」に従事することになる。だからこそ、家事労働を織り込んだ労働時間短縮が、問題解決の核心となるのだ。

ビジネス・コンサルタント会社の女性の発言は、バブル期の「カネで買えないものは何もない」という楽観的空気にあおられたものと言ってしまえばそれまでだ。仕事柄、家事ビジネスにばかり気を取られて、自らの家事労働問題の真の解決の道に目を向けることができなかったともいえるかもしれない。だが、気になるのは、社会的・政治的解決の必要性に、彼女が無意識に目をふさいでいたのではないかということだ。それを口に出せば、無償労働を問わないことで成り立っているビジネス社会から爪はじきされかねないという不安を、男女問わず、家事や育児に直面する働き手たちは抱えているからだ。

三つの道

大切なことは、まず、このように手を替え品を替えて持ち込まれる「仕組みをかえなくてもなんとかなるはず」という提案のあやしさを見破ることだ。次は、そのうえで、私たちがどのような家事労働の再分配の道をとるかを考えてみよう。

第6章で述べたように、オランダ政府は、家事労働の分配を「伝統型」「外部委託型」「混合型」の三つのモデルに分類していた(一八七頁参照)。

二〇一二年に来日して、日本に女性の活用を促したIMFのクリスティーヌ・ラガルド専務理事は、出演したNHKの番組の中で、日本はオランダのような「混合型」方式から始めるのがいいかもしれないと指摘した。「三歳児神話」や専業主婦志向が根強く、公的資金を保育にかけるという合意が不十分な社会だからだろう。たしかに、日本が目指すとすれば、「混合型」が近道というのはうなずける。だが、そこへ向かうために、私たちは、さらにさまざまな用意が必要だということは、指摘しておかなくてはならない。

オランダが、均等待遇と働き手が選べる労働時間を実現できたのには、一応の福祉社会の基盤と、発言力のある労組の二つの存在が見過ごせない。第6章で見てきたように、オランダは、もともとは、他の近代社会や日本と同じく男性世帯主中心社会だった。ただ、高齢者介護は公的施設が引き受けるなど、国が国民の生活保障に責任を持つことは前提となっていた。労組の組織率は、訪問した一九九九年時点で三割と低下傾向だった。だが、産業別の企業横断型労組で、労使が労働協約を結べば、これが八割もの労働者に波及する仕組みがあり、社会に強い影響力を持ち、しかも、労組の中枢部で女性が三割を占めていた。このほか、女性団体や青年団体など、各層の意見をまとめる中間団体の発言力も強く、こうした声が、働く側や女性の都合を強く反映した均等待遇パート実現の背景にあったと考えられる。

そんなオランダから学べることは、まず、外で働くか家庭内だけで働くかを問わず、家事労働を担う人々を横の関係で結ぶネットワークを強めることだ。家事の担い手とされてきた女性が意思決定の場にほとんど参加していない日本では、仕事と家庭を両立できる労働時間が必要な人々がばらばらに切り離され、自分たちに必要なものを意識することさえまれだからだ。

そうしたつながりを基盤に、労働時間の長短によって差別されないパートの均等待遇、週末の休日だけでなく、仕事の後で家庭生活を送れるだけの一日当たりの労働時間規制の立て直し、欧州のような残業に歯止めをかけるための一日一一時間は連続して働かせない「休息時間」、保育や介護などの公的福祉サービスの整備、そして、女性や家事労働者の意見も反映できる労組づくりなどによって、家事を担いながらでも安心して働ける仕組みを強めていくことだ。

日本では、過労死遺族が中心になって、まともな労働時間規制の実現などを盛り込んだ「過労死防止基本法」へ向けた一〇〇万人署名が展開されている。このような大枠の整備を求める取り組みに参加していくことは、遠回りのようでも、家事労働の公正な再分配へのひとつの入り口になるだろう。

家事労働者条約の批准を

こうしたシナリオの前に、ありうるシナリオとしては、海外からの移住家事労働者の解禁だ。数年前まではほとんど正面から話題にされることもなかった「女性の活用」が、まがりなりにもアベノミクスの「成長戦略」の一環として位置づけられるようになったいま、男性や企業の立ち位置を変えずに「活用」を実現するには、家事労働の補塡のためにカネを出せる立場の女性を前面に押し出して移住家事労働者の導入を解禁し、そうでない女性たちのための政策は後回しにしていく恐れも出てきた。すでに、公共事業に税は使っても、保育の保障では、保育基準の引き下げや非正規保育士の活用で対応しようとする姿勢が、政府に見られる。

加えて自民党憲法改正草案では、家庭内の両性の平等を謳った二四条に「家族は助け合わなければならない」という条文が付け加えられている。政府による家族の保障ではなく、家族の相互扶助を義務づけたこの改正が、もし通るようなことがあれば、女性は公的保育には頼れず、自力で保育や家事の保障をせざるを得なくなるかもしれない。その場合、お金が出せない女性は第3章のような貧困主婦となり、お金のある「活躍する女性」のために、移住労働者による家事労働補塡が始まる恐れは、まったくあり得ない話ではない。ましてや、それが在日米国商工会議所からの要求ともなれば、「世界一企業が活躍しやすい社会」を目指す安倍政権が拒否するとは考えにくい。

その場合、私たちが求めるべき最低条件は、第6章でも述べた家事労働者条約の批准だ。最低賃金やまともな労働時間の保障など、働き手の最低の条件が守られることがないまま移住家事労働者に依存する社会が生まれれば、移住労働者の労働条件を抑え込むための使用者連盟の列に、日本の女性たちが引き込まれていくことになる。その緊張感に、私たちは、どれだけ耐えられるだろうか。しかも、そうして家事労働を自力で調達できる仕組みを失った後に、いったん国際関係が悪化すれば、マレーシアで見られたような狼狽と憤りが、日本社会で蔓延する可能性は否定できない。家政婦など家事労働で生計を立ててきた日本の女性たちの労働条件の低下も懸念される。

条約が批准され、働きに見合った家事労働者の人間的な処遇と、労組活動が保障されれば、私たちは「家事労働の価値」「家事労働の存在感」を認識できる社会に立ち会えるかもしれない。そのことが、家事労働を加味した労働時間の短縮へとつながる可能性もある。

家事労働への向き合いが未来を決める

二〇一三年七月、私は岩手県盛岡市の中心街の一角のビルに向かっていた。被災シングルマザーの支援にかかわっていた「インクルいわて」が、国際NGOの支援金で、被災地やその周辺地域のシングルマザーたちの就労支援モデルづくりを行っていると聞いたからだ。

オフィスでは、支援を受けている四〇代のシングルマザーの女性が、就労の難しさを教えてくれた。専業主婦だったが、夫が亡くなって、働きに出ようと思うと、家に母がいる状態に慣れた子どもたちのことが心配で出られなかったという。

今回の就労支援は、そんな彼女たちが子どもを預ける場所の相談から始め、働いているという意識をはっきり持たせるため最低賃金は保障しつつ、最初は短時間の拘束でパソコンの技術を習得させ、プログラムにかかる経費の経理などの仕事を委任し、徐々に労働時間を延ばしていく方法で家庭に置いてきた子どもたちの自立を促す手法を取った。いまは、女性たちは、パソコンによるシングルマザーのためのガイドブック編集の仕事などを引き受け、その実績をもとに一般企業に求職中だ。

女性たちの中には、面接で「妊娠の恐れはないか」と聞かれ、仰天した人もいる。再婚など考える余裕もなかったのに、「シングルマザーというと、男性がいると思うんでしょうか」と彼女は首をかしげる。そんな彼女を、スタッフが励まし、支える。子育てと両立できる方法や、家事・育児を担っている者は働けないと偏見を持つ会社の対応を押し返す方法についての助言など、家事労働の存在を組み込んだ仕事探しが、「家事を抱える人々」の再就職には不可欠であることを、「インクルいわて」の試みは教えてくれる。

働く裏側には、必ず、家事や育児、介護の労働がついてくる。そうした等身大の制度設計の重要性を直視し、労働時間設計、税制、少子化対策、「女性の活躍」促進策といったあらゆる政策の中に組み込んでいくことができるかどうか。私たちのこれからは、家事労働という、一見地味な営みをめぐる公正な分配政策、家事労働ハラスメントの乗り越えにかかっている。そうして、特定の人に極端な負担がかからない家事労働の分配が実現したとき、私たちは、家事労働がもたらす生きづらさから解き放たれるはずだ。

あとがき

本書は、雑誌『くらしと教育をつなぐWe』に一九九九年から二〇〇一年まで寄稿した「家事神話――女性の貧困のかげにあるもの」という連載が土台になっている。そのころの私は、家事と育児と会社の長時間労働のはざまで、なぜこんなに働きにくいのかと悩み続けていた。悩んだ挙句、私はその苦しさの根に、家事労働という仕事を、労働時間でも社会政策でもまったく考慮せず、とにかく家庭や女性に丸投げさえしておけば収まると思い込んでいる日本企業の労務管理や政府の社会政策があると思いあたった。

その発見をみんなに共有してほしくて、毎朝五時に起き出し、子どもを学校に送り出し仕事にでかける前、机に向かってひたすら原稿を書き続けた。書き上がった原稿を、当時の『We』編集長の稲邑恭子さんと、編集スタッフだった中村泰子さん（現・編集長）に、せっせと送りつけた。それが「家事神話」だった。

メールで原稿を送るたびに、稲邑さんたちから「本当にそうよね」「目からウロコ」と反応が返ってくるのがうれしくて、連載はなんと二六回に及んだ。それでも足りず、さらに番外編三回まで書くことになってしまった。読者からの反響も大きく「本にまとめてほしい」という要望は少なからずあった。だが、出版社へ企画を持ち込むと、反応はさっぱりだった。家事労働への固定したイメージがあまりに強かったせいだろうか。家事労働の在り方が私たちの会社での働き方や社会政策にまで広く影響を及ぼすのだと力説しても、「料理や洗濯がなぜ会社の仕組みや福祉制度に関係あるんですか？」と首をかしげられた。

出版社の外でも、「君の言うとおり、家事は大事な仕事だ。おれはいつも専業主婦のカミさんには感謝している」という男性の先輩社員、「家事労働？　私は働いているから関係ないわ」という女性の同僚、そして、「家事労働なんて地味な話題はやめてほしい。これからは女性が外で活躍する時代なのに」という後輩と、「自分に関係ないこと」という反応に取り巻かれた。お金を稼ぐ労働でもなく、余暇でもなく、休息でもない、自身や家族の身体を維持するための家事というお金にならない労働は、だれにとっても存在するものなのだが。

主婦たちの反応はさすがに違っていた。「私たちの仕事をまともに評価してほしい」という思いが強かったからだ。だがそれも、「主婦への賃金」や「配偶者手当の増額」などに収斂しがちだった。会社を辞めざるを得ず、再就職も難しく、経済的に自立できないのは家事労働を考えに入れない政策こそが原因だ、という方向にはなかなか目を向けてもらえなかった。

連載の五年ほど前、私は『日本株式会社の女たち』という本を出版していた。そのときの問題意識もやはり、女性の無償労働を前提としてきた日本企業の働かせ方や福祉政策の歪みを指摘しようとしたものだった。だが、「日本的経営」礼賛一色の空気の中で、その主張はかき消されてしまった。

「家事神話」の連載が始まったころ、すでに日本社会はバブル崩壊後の不況に突入し、「日本的経営」への熱気は冷めていた。一九八五年の男女雇用機会均等法と引き換えに段階的に進められてきた労働基準法の女性保護規定の撤廃が、連載開始の一九九九年に完成し、女性たちはますます長時間労働にすり減らされて「家事の時間」を奪われ、正社員の座から追い落とされ続けていた。連載開始の翌年にスタートした介護保険の下で、福祉労働者の低賃金化や公務員の非正規化も進んでいた。このままでは女性の貧困化は免れない、早くこうした状況に歯止めをかけなければとあせった。だが、労働と家事がまったく別物として扱われている男女分業社会の日本では、両者の関係性についての関心は高まらなかった。こうして、連載原稿は、長く手元に埋もれることになった。

それが今回、事実上の書きおろしとはいえ、一冊の本の形で日の目を見ることになったのは、この間の女性の貧困化に端を発した社会の貧困化と、日本の女性の意思決定参加の極端な遅れが世界から注目を浴びるところまで来てしまったことと、無縁ではない。安倍首相も、国連総会などで、「女性が輝く社会」を叫び始めている。だが、いま進んでいる労働者派遣法や均等法改定の論議などを見ていると、事態は、女性を活かすことより、「女性の利用」の方向に突き進んでいるように思えてならない。それを思うと、今回の出版を喜んでばかりはいられない。だが、これを機に、家事労働を視野に入れた、等身大の労務管理や社会政策に目を開いてくれる人が増えれば、私たちの社会はずっと暮らしやすくなる可能性がある。本書がその小さな一歩になってくれたらと、願わないではいられない。

この本は、シングルマザーとしてお金になる労働と家事労働を一手に担い、その密接な関係に気づく手がかりを与えてくれた亡き母、高橋ルイノと、家事労働を担うすべての人々にささげる。また、第2章に登場するテント村のアーティスト、いちむらみさこさんには、各章ごとの扉を温かい挿絵で飾っていただいた。いちむらさん、そして出版への道を開いてくれた岩波書店の上田麻里さんに、心から感謝の意を表したい。

二〇一三年九月

主な参考文献

新雅史『商店街はなぜ滅びるのか――社会・政治・経済史から探る再生の道』光文社新書、二〇一二年

有森隆『非情な社長が「儲ける」会社をつくる――日本的経営は死んだ！』さくら舎、二〇一三年

上野加代子『国境を越えるアジアの家事労働者――女性たちの生活戦略』世界思想社、二〇一一年

荻上チキ『僕らはいつまで「ダメ出し社会」を続けるのか――絶望から抜け出す「ポジ出し」の思想』幻冬舎新書、二〇一二年

久場嬉子・竹信三恵子『「家事の値段」とは何か――アンペイドワークを測る』岩波ブックレット、一九九九年

ベアテ・シロタ・ゴードン・平岡磨紀子（構成・文）『一九四五年のクリスマス――日本国憲法に「男女平等」を書いた女性の自伝』柏書房、一九九五年

澁谷知美『立身出世と下半身――男子学生の性的身体の管理の歴史』洛北出版、二〇一三年

ルース・シュウォーツ・コーワン『お母さんは忙しくなるばかり――家事労働とテクノロジーの社会史』高橋雄造訳、法政大学出版局、二〇一〇年

杉浦浩美『働く女性とマタニティ・ハラスメント――「労働する身体」と「産む身体」を生きる』大月書店、二〇〇九年

竹信三恵子『日本株式会社の女たち』朝日新聞社、一九九四年

同『女性を活用する国、しない国』岩波ブックレット、二〇一〇年
同『ワークシェアリングの実像――雇用の分配か、分断か』岩波書店、二〇〇二年
同『ルポ賃金差別』ちくま新書、二〇一二年
竹信三恵子・赤石千衣子編著『災害支援に女性の視点を！』岩波ブックレット、二〇一二年
長坂寿久『オランダモデル――制度疲労なき成熟社会』日本経済新聞社、二〇〇〇年
永松伸吾『キャッシュ・フォー・ワーク――震災復興の新しいしくみ』岩波ブックレット、二〇一一年
A・R・ホックシールド『管理される心――感情が商品になるとき』石川准・室伏亜希訳、世界思想社、二〇〇〇年
本田一成『主婦パート――最大の非正規雇用』集英社新書、二〇一〇年
水島治郎『反転する福祉国家――オランダモデルの光と影』岩波書店、二〇一二年
三井マリ子・浅倉むつ子『バックラッシュの生贄――フェミニスト館長解雇事件』旬報社、二〇一二年
森ます美・浅倉むつ子編『同一価値労働同一賃金原則の実施システム』有斐閣、二〇一〇年

竹信三恵子

ジャーナリスト・和光大学教授.
1953年生まれ．朝日新聞経済部記者，編集委員兼論説委員などを経て，2011年4月から現職.
2009年，「貧困ジャーナリズム大賞」受賞.
著書―『日本株式会社の女たち』(朝日新聞社)
『女の人生選び』(はまの出版)
『ワークシェアリングの実像』『ミボージン日記』(岩波書店)
『「家事の値段」とは何か』『女性を活用する国，しない国』(岩波ブックレット)
『ルポ雇用劣化不況』(岩波新書)
『しあわせに働ける社会へ』(岩波ジュニア新書)
『ルポ賃金差別』(ちくま新書)など

家事労働ハラスメント
――生きづらさの根にあるもの　　岩波新書(新赤版)1449

2013年10月18日　第1刷発行
2015年9月4日　第3刷発行

著　者　竹信三恵子《たけのぶみえこ》

発行者　岡本　厚

発行所　株式会社　岩波書店
〒101-8002 東京都千代田区一ツ橋2-5-5
案内 03-5210-4000　販売部 03-5210-4111
http://www.iwanami.co.jp/

新書編集部 03-5210-4054
http://www.iwanamishinsho.com/

印刷・理想社　カバー・半七印刷　製本・中永製本

ISBN 978-4-00-431449-3　　Printed in Japan

岩波新書新赤版一〇〇〇点に際して

ひとつの時代が終わったと言われて久しい。だが、その先にいかなる時代を展望するのか、私たちはその輪郭すら描きえていない。二〇世紀から持ち越した課題の多くは、未だ解決の緒を見つけることのできないままであり、二一世紀が新たに招きよせた問題も少なくない。グローバル資本主義の浸透、憎悪の連鎖、暴力の応酬――世界は混沌として深い不安の只中にある。

現代社会においては変化が常態となり、速さと新しさに絶対的な価値が与えられた。消費社会の深化と情報技術の革命は、種々の境界を無くし、人々の生活やコミュニケーションの様式を根底から変容させてきた。ライフスタイルは多様化し、一面では個人の生き方をそれぞれが選びとる時代が始まっている。同時に、新たな格差が生まれ、様々な次元での亀裂や分断が深まっている。社会や歴史に対する意識が揺らぎ、普遍的な理念に対する根本的な懐疑や、現実を変えることへの無力感がひそかに根を張りつつある。そして生きることに誰もが困難を覚える時代が到来している。

しかし、日常生活のそれぞれの場で、自由と民主主義を獲得し実践することを通じて、私たち自身がそうした閉塞を乗り超え、希望の時代の幕開けを告げてゆくことは不可能ではあるまい。そのために、いま求められていること――それは、個と個の間で開かれた対話を積み重ねながら、人間らしく生きることの条件について一人ひとりが粘り強く思考することではないか。その営みの糧となるものが、教養に外ならないと私たちは考える。歴史とは何か、よく生きるとはいかなることか、世界そして人間はどこへ向かうべきなのか――こうした根源的な問いとの格闘が、文化と知の厚みを作り出し、個人と社会を支える基盤としての教養となった。まさにそのような教養への道案内こそ、岩波新書が創刊以来、追求してきたことである。

岩波新書は、日中戦争下の一九三八年一一月に赤版として創刊された。創刊の辞は、道義の精神に則らない日本の行動を憂慮し、批判的精神と良心的行動の欠如を戒めつつ、現代人の現代的教養を刊行の目的とする、と謳っている。以後、青版、黄版、新赤版と装いを改めながら、合計二五〇〇点余りを世に問うてきた。そして、いままた新赤版が一〇〇〇点を迎えたのを機に、人間の理性と良心への信頼を再確認し、それに裏打ちされた文化を培っていく決意を込めて、新しい装丁のもとに再出発したいと思う。一冊一冊から吹き出す新風が一人でも多くの読者の許に届くこと、そして希望ある時代への想像力を豊かにかき立てることを切に願う。

（二〇〇六年四月）